ほったいもいじるな
WHAT TIME IS IT NOW?
WHAT TIME IS IT NOW?

やまだひろゆき
けしゴムはんこ、やまだくん
http://ameblo.jp/yamada-ryu/

いざ鎌倉

Is a comer cooler?

¶ 来る人はよりクールですか。
「一大事が起こった時は」という意味。鎌倉時代に、一大事が起こったときに、先を争って馳せ参じることに由来している。

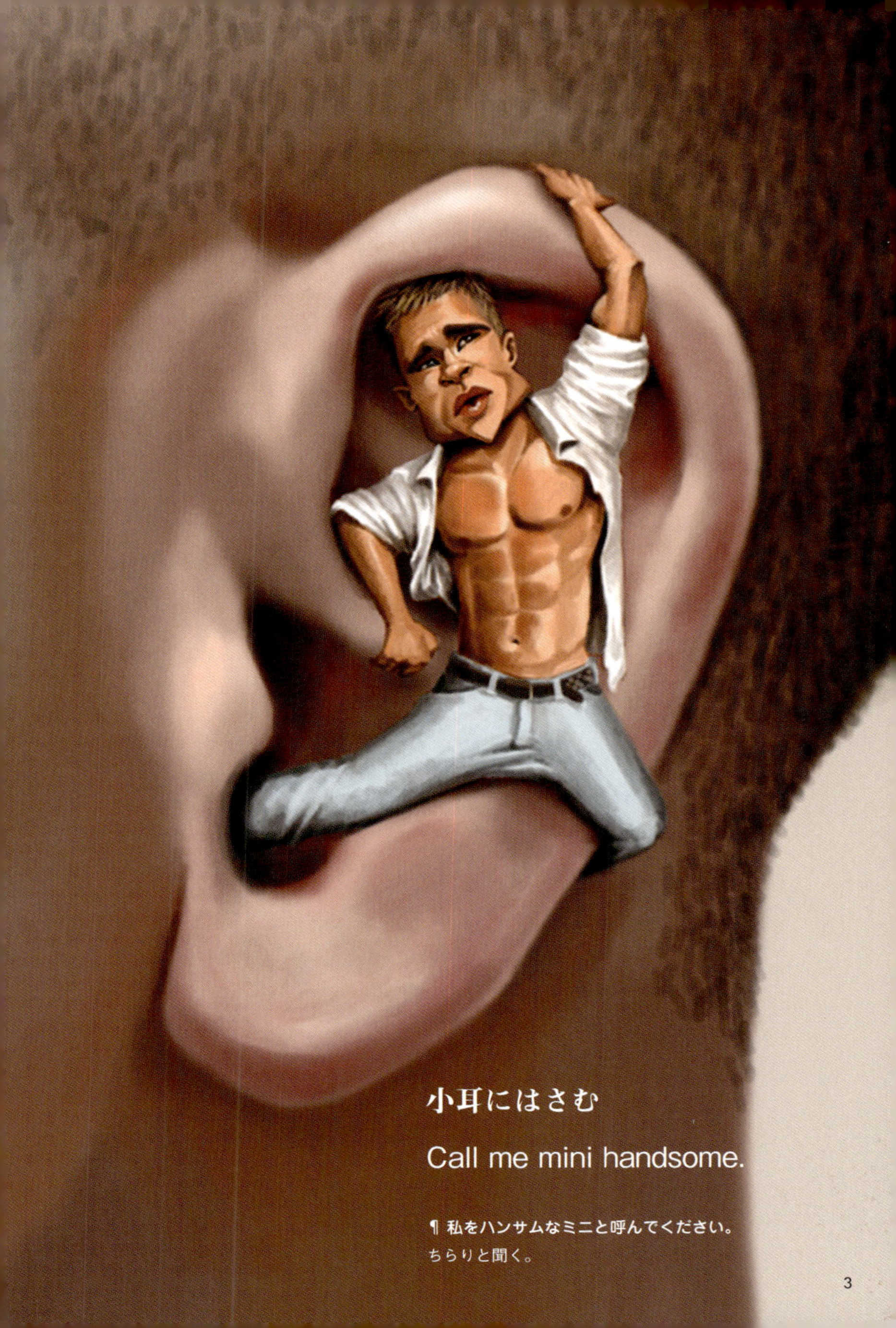

小耳にはさむ

Call me mini handsome.

¶ 私をハンサムなミニと呼んでください。
ちらりと聞く。

しゃらくせえ！

Shut up! could say!

¶ 黙れ！言うことができました！

生意気だ！

他山の石

Tarzan　knowing sea.

¶ 海を知っているターザン。
自分を磨くための助けとなる他人の行為。
また自分にとって戒めとなる他人の誤った行為を言う。

茶番を演じる

Chat ban on angel.

¶ 天使のチャット禁止。
底の割れた馬鹿な行為をすること。

どじを踏む

Dodge off moon.

¶ 月を離れてかわしてください。
失敗すること。しくじること。

蛞蝓(なめくじ)に塩

Now make gene in show.

¶ さてショーで遺伝子を作ってください。
苦手なものに出会い、縮みあがること。

百害あって一利なし

Hack guy arty in cherry nothing.

¶ 桜の何でもないことで芸術家きどりの人に切りつけてください。

悪いことばかりで良いことがひとつもない。

ひろうこんぱい
疲労困憊

Hero combine.

¶ 英雄連合体。
ひどく疲れること。

豚に真珠

Buddha news in June.

¶6月の仏像ニュース。
どんなに値打ちのあるものでも、その価値がわからない者にとっては、何の役にもたたない。

ブルータス、お前もか

Brutus, oh my mocha.

¶ ブルータス、ああ、私のモカ。

自分の暗殺を企てた一味の中に信頼していたブルータスがいるのを知ったシーザーの
言葉とされるが、実はシェークスピアの「ジュリアス・シーザー」に出てくる台詞である。

下手の横好き

Hate a New Yorker's King.

¶ ニューヨーカーの王を嫌ってください。
下手なくせにそのことが大好きなこと。

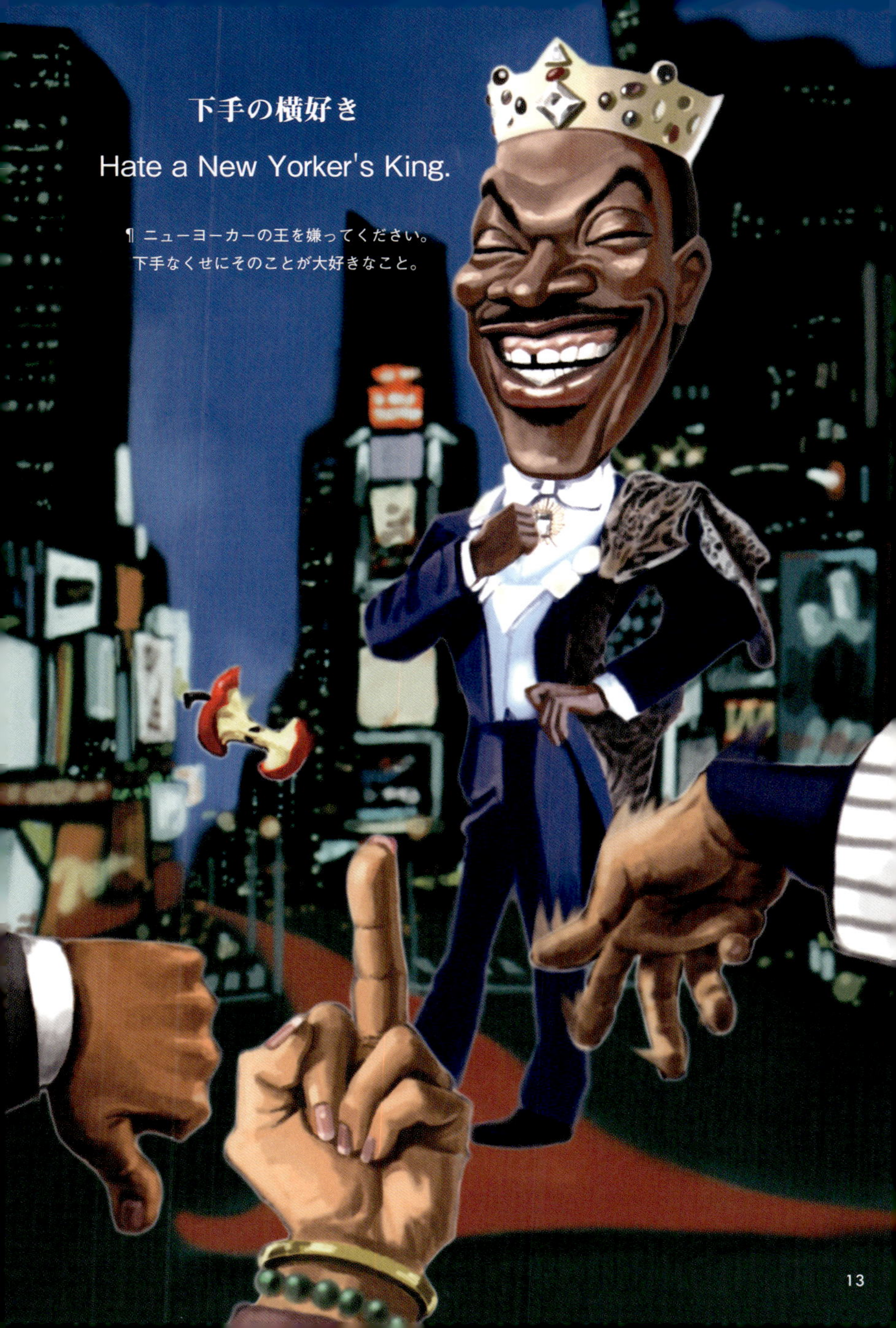

破れかぶれ

Yeah break a bread.

¶ はい、パンをちぎってください。
どうにでもなれ、と自棄になること。

両手にいも

それを言うなら、「両手に花」

ダッチオーブン DE 焼きいも

（著者作）

いもが鉄鍋を黒いと言う

それを言うなら、「鍋が釜を黒いと言う」

いもの焼けたもご存じない

それを言うなら、「芋の煮えたもご存じない」

ほったいもいじる

時田京子
Luxe Carving
http://www7a.biglobe.ne.jp/~carving/index.html

はじめに

「ほったいもいじるな（掘った芋いじるな）」と外国人に言うと、「What time is it now ?（いま何時？）」と聴こえるというのをご存じですか。いわゆる空耳アワーの世界ですね。他にも、

● How much is this?（これはいくら？） → ハマチです
● Sightseeing, ten days.（10 日間の観光です）→　斉藤寝具店です
● I get off.（(バスで）降りまーす！）→　揚げ豆腐
などがあります。

では、逆に日本語を英語に置き換えたらどうなるだろう？　と試みたのが本書「ほったいもいじるな」なのです。例えば、

1．竹馬の友（ちくばのとも）
2．Cheek bar know Tom.
3．チークバーは、トムを知っています。
4．幼い頃に竹馬に乗って一緒に遊んだ友達のこと。

のように、
1．ことわざ、慣用句など日本語の音を、
2．英単語に置き換え（ほったいも変換）、
3．さらにそれを強引に日本語に翻訳（逆翻訳）し、
4．ことわざや慣用句の本来の意味まで掲載するという親切設計（笑）。

そしてなんとプロの通訳の音声 CD 付きという豪華さです。

「変換」で笑える。「逆翻訳」で笑える。「音声」で笑える。まさにバカと知性が融合した本、それが本書「ほったいもいじるな」といえるでしょう。
まずは自分で口ずさんでください。そして人に言わせてみてください。サブタイトル『外国人に、声に出して読んでもらいたい日本語』とあるように、なんなら身近な外国人にもしゃべらせてみましょう。きっと抱腹絶倒の世界があなたを魅了するに違いありません。

本文：目次　CD：曲順

2　ほったいもイラスト
16　ほったいもいじる
17　はじめに
18　目次
19　あ　1
30　い　2
42　う　3
47　え　4
48　ほったいもいじるな誕生秘話
49　お　5
57　か　6
65　き　7
68　く　8
72　け　9
74　こ　10
78　ほったいもいじるなのススメ
80　さ　11
84　し　12
95　す　13
98　せ　14
100　そ　15
101　た　16
110　ち　17
108　ほったもメイキング
113　つ　18
115　て　19
120　と　20
126　な　21
130　に　22
133　ぬ　23
133　ね　24
136　の　25
137　は　26
138　ほったいも症候群
146　ひ　27
152　ふ　28
155　へ　29
156　ほ　30
158　ま　31
161　み　32
163　む　33
165　め　34
167　も　35
168　ほったいもの夢
170　や　36
174　ゆ　37
176　よ　38
177　ら　39
178　り　40
178　る　41
179　れ　42
179　ろ　43
181　わ　44
182　おわりに

CD使用上の注意

CDを再生させるには多分 ▶ 。
早送りは ▶▶|。巻き戻しは |◀◀。
停止ボタンはおそらく ■。

ああ言えばこう言う

I ever call you.

私は、これまでにあなたに電話をします。

人に意見に素直に従わず、あれこれと屁理屈を並べ立てて、言い返すこと。

開いた口が塞がらない

Hi taxi got whose girl night.

¶ やあ、得られて誰の女の子夜をタクシーに乗らせますか。

呆れてものが言えないこと。

曖昧模糊（あいまいもこ）

I my mocha.

¶ 私は、私のモカです。

はっきりせず、ぼんやりしているさま。

阿吽（あうん）の呼吸

A Uno cock you.

¶ ウノは、あなたを上向きにします。

二人以上が同時に何かをするときの、相互の微妙な調子や気持ち。

またそれがぴったり合うこと。

青菜(あおな)に塩

Ah oh nanny show.

¶ **ああ、ああ乳母ショー。**
ほうれんそうなどの青菜に塩をかけると、水分がなくなってやわらかくなりしおれてしまう。その様子を人に例えて急にしょんぼりと元気をなくしてしまう状態を言う。

明るけりゃ月夜だと思う

A curl carrier to key a dart more.

¶ **キーへのカールキャリヤーが、よりダーツです。**
世間知らずで、物事の考え方が単純で浅はかだということのたとえ。

秋茄子(あきなす)は嫁に食わすな

A key nurse were your many Coors now.

¶ **重要な看護師は、その時あなたの多くのクアーズでした。**
秋茄子は美味しいから「嫁には食べさせるな」、という姑の嫁いびりとするのが一般的な通説だが、逆に「秋なすは種子が少ないから子種が少なくなる」などという理由で、嫁に食わすなと解釈する説もある。

秋の日は釣瓶(つるべ)落とし

A king know here, true bare tossing.

¶ **王はここで知っていて、裸に投げることを正しく調整します。**
井戸の釣瓶がストンと一気に落ちるように、秋になると急速に日が暮れていくたとえ。

悪事千里を走る（あくじせんり）

Uncle Jean sanely on hustle.

¶ アンクル・ジーン、ハッスルで健全に。

悪い行為や噂は、あっという間に世間に広まるという意味。

悪銭身につかず

Accent minutes cousin.

¶ 分いとこにアクセントをつけてください。

不正をして手にしたお金は、浪費してすぐになくなってしまうものである。

悪法も法なり

Uncle homo, hone early.

¶ ホモおじさん、早く磨いてください。

どんなにひどい法律であっても法である以上、それに従わなければならない。
死ぬ間際にソクラテスが言った言葉。

上げ膳据え膳（ぜん す ぜん）

Again then Sweden.

¶ 再び当時のスウェーデン。

自分では何もせず、何から何まで人の世話になること。

朝飯前

Answer mesh mine.

¶ メッシュに私のものに答えてください。
朝食前にできてしまうくらい簡単なことをいう。

明日は明日の風が吹く

A star were a star knocker they got hook.

¶ 星は彼らがフックを手に入れた星のノッカーです。
明日は今日とは違ったいい事があるだろう。

足を引っ張る

A show hit pearl.

¶ ショーは、真珠を打ちました。
仲間の成功・勝利・前進などの邪魔をする。

足を棒にする

A show bonny through.

¶ 徹底的に美しいショー。
奔走する。足が疲れて感覚がなくなるほど歩き回る。

明日は我が身

A swan wag me.

¶ 白鳥は、私を振ります。
他人に起こった不幸な出来事が、
いつ自分にもふりかかるか分からないということ。

東男（あずまおとこ）に京女

As mount cony can owner.

¶ 馬ウサギとして、所有者はそうすることができます。
男はたくましい関東（江戸）の男がよく、女は優美な京都の女がよい。
昔はこの組み合わせが理想のカップルとされた。

当たって砕けろ

Attack ten could a Kellogg.

¶ 10 がそうすることができた攻撃は、ケロッグです。
成功するかどうか分からないが、やるべき時は断じて決行すべきである。

頭かくして尻かくさず

Atom are cock city, silly cock sons.

¶ 原子は、コック市、愚かな雄鶏息子です。
欠点や悪事の一部を隠して、全体を隠したと思っているさまを皮肉って言う言葉。

当たらずといえども遠からず

Art runs toy end more toe colors.

¶ 芸術は、より多くの足指が色をつける玩具終了を実行します。
正確に的中はしていないが、たいした間違いがなくほとんど当たっている。

あちらを立てればこちらが立たず

Arch rotor terrible, coach rugger tartans.

¶ ものすごいアーチローター、コーチラグビータータン。
一方を犠牲にしなければ、もう片方が得られないということ。

悪貨は良貨を駆逐(くちく)する

A coward your cow could cheek through.

¶ あなたの牛が終わりまで生意気な口をきくことができた臆病者。
悪い人間や物がはびこって、優れた人間やものの姿が消えるということ。
悪が栄え善が滅びるということ。グレシャムの法則から。

暑さ寒さも彼岸まで

Arts sun some salmon finger Monday.

¶ 芸術は、月曜日に若干のサーモン指を日にさらします。
彼岸を過ぎれば、厳しい暑さや寒さもなくなり
過ごしやすい気候になってくると言うこと。

羹（あつもの）に懲りて膾（なます）を吹く

A tomorrow neck only ten, now mars on hook.

¶ 明日の首のみの十、現在フックの傷。
一度ひどい目に遭うと、次からは過度の用心をすること。

後の祭り

At normal tree.

¶ 通常の木で。
物事が手遅れになること。やってしまった後に悔いること。

あとは野となれ山となれ

Ant were known to narrate, yammer toner lay.

¶ アリがナレーションをいれることは知られていました、泣き声トナーがありました。
自分にとって大切なことが終わってしまえば、後はどうなろうと知ったことではない。

穴があったら入りたい

An anger at taller, highly tie.

¶ 怒りより高くてある、非常に結びついてください。
身を隠してしまいたいと思うくらい恥ずかしい気持ちのこと。

あばたもえくぼ

A butter more egg ball.

¶ バターは、よりボールに卵を混ぜます。
好きになってしまうと相手の欠点が見えなくなり、
あばた（顔の傷跡）でも、えくぼにしか見えない。

虻蜂取らず

A boo hatch to lads.

¶ 若者へのブーイング・ハッチ。
一度に２つのものを得ようと、欲張るとかえって何一つ手に入れることができない。

油を売る

A brown wool.

¶ 茶色のウール。
仕事をしないで無駄話をしたり、時間を潰して怠けること。

油を絞る

A bra wash ball.

¶ ブラジャー洗濯ボール。
こっぴどく叱る。

雨垂(あまだ)れ石を穿(うが)つ

Ah my darling, it sure owe guts.

¶ ああ、私のダーリン、それは確かに内臓に義務があります。
小さな力でも努力し続ければ、いつかは大きなことが成し遂げられる。
雨垂れの点滴が長い間には石に穴を開けるということから。

天邪鬼(あまのじゃく)

A man on jack.

¶ ジャッキの男性。
何かにつけて人の意に逆らった行動ばかりをする、ひねくれ者のこと。

網(あみ)、呑舟(どんしゅう)の魚(うお)を漏(も)らす

Army don't shoot known war on morass.

¶ 陸軍は沼地に対する知られている戦争を撃ちません。
法律というものは大罪人を逃してしまうこともあるということ。

雨が降ろうと槍が降ろうと

A mega float, yearly got float.

¶1 メガのフロート、毎年の得られたフロート。
どんなことがあってもどんな障害があろうと、
必ずやり遂げようという固い決意を表す言葉。

雨降って地固まる

A mail footie, gee cut a moll.

¶ メールいちゃつき、あらまあ、情婦を切ってください。
雨が降った後は降る前よりもかえって地面が固まるように、大変なことや悪いことがあった後には、何もなかった最初よりもかえって良い状態になるということ。

謝って済むなら警察はいらない

Iron Martin swim narrow cases wire nine.

¶ やっとの鉄のマーティン泳ぎは、ワイヤー9をケースに入れます。
謝って済まされることではなく、責任はちゃんととってもらう。

洗いざらいぶちまける

A lie the lie butch Michael.

¶ うそは、うそ男っぽいマイケルです。
何から何まで全部、白状する。

嵐の前の静けさ

Allow thinner minor sees case are.

¶ よりやせた未成年者がケースがそうであるのを見ると認めてください。
大事件が起こる前に感じる不気味な静けさのこと。

ありがた迷惑

Early garter may work.

¶ 初期のゴムバンドは動くかもしれません。
気持ちはありがたいが、そこまでしてくれると逆に迷惑である。

蟻の這い出る隙もない

Arena high dale skim on nine.

¶ 9 のアリーナの高さの谷皮膜。
小さな蟻でさえ逃げ出す隙間がないくらい厳しい警戒態勢をいう。

ある時払いの催促なし

Alto key but I know, sigh sock nothing.

¶ アルトキー、しかし、私は、知っていて、強烈に何も嘆きません。
金銭の貸し借りで支払い期限を決めないで、借りた人間に金銭的な余裕ができた時に
支払えばよく、催促はしないということ。返さなくても構わないよ、と言外で言っている。

あわてる乞食はもらいが少ない

Our tale cozy keyword, moral eagle school nine.

¶ 我々の話気持ちの良いキーワード、道徳的なワシ学校 9。
あわてるとすべてが失敗に終わる。急ぐ時ほど冷静でなければならないということ。

案ずるより産むがやすし

Andrew yearly woman got yes see.

¶ 年一度の女性がはいを得たアンドリューは見ます。
実行する前に心配していたことも実際にやってみると、
案外簡単にできてしまうものだということ。

暗中模索

Aren't you mosque?

¶ あなたはモスクではありませんか。
手がかりのないまま、あれこれとやってみること。

いい面の皮

It's runner cower.

¶ それは、ランナーがすくむということです。
とんだ恥さらしだ、また、いい迷惑だという意味合い。
ひどい目にあったことを自嘲して言う時に用いる。

いい迷惑

In May work.

¶ 5月に、働いてください。
迷惑である。

言うは易く行うは難し

You wire school, O'Connor were cutter seen.

¶ **あなたは学校に打電します、オコナーは見られるカッターでした。**
口で言うのは簡単だが、それを実行するのは難しい。

家に帰るまでが遠足です

In any Kyle Monday girl answer cool days.

¶ **どんなカイル月曜日の女の子においてでも、涼しい日に答えてください。**
事故がないように気をつけて帰ること、という戒めの言葉。

怒り心頭に発する

In curry scene tony hustle.

¶ **カレー場面の中で、いきなハッスル。**
心底から激しく怒る。

生き馬の目を抜く

Inky woman know mayor nook.

¶ **真っ黒な女性は、市長隅を知っています。**
生きている馬の目を抜くほど、素早く事をする様子。
他人を出し抜いて油断ならないこと。

行きはよいよい、帰りはこわい

Inky were you're earing, kindly work a wine.

¶ 真っ黒なあなたでしたイヤリングで、ワインを親切に働かせます。

童謡「通りゃんせ」の一節。

いざ鎌倉 P2

石の上にも三年

Issue nowhere need more some name.

¶ どこにもより少し挙げる必要がない問題。

冷たい石の上でも三年もじっと座っていれば、暖かくなってくるということから、辛いことがあっても我慢して頑張っていれば、そのうちむくわれるということ。

石橋を叩いて渡る

Issue bashing on tartan eaten waterloo.

¶ タータン食べられた惨敗を打つことを出してください。

堅牢にみえる石橋でもたたいてみて、丈夫かどうかを確かめてから渡るという意味。用心の上にも用心することのたとえ。また過剰に用心しすぎることをあざ笑う場合もいう。

医者の不養生

It shall know fusion.

¶ それは、融合を知っています。

医者は患者に摂生(せっせい)を薦めながら、自分では身体を粗末にする。

他人には立派なことを言っても、実行が伴わないことをいう。

衣食足りて礼節を知る

In shock tarry tale, lay sets on seal.

¶ 衝撃的なタールの話において、アザラシにセットを置いてください。
生活に事欠かなくなって、人は礼儀に心を向ける余裕ができるものだということ。

いずれ菖蒲(あやめ)か杜若(かきつばた)

Is rare maker khaki to butter.

¶ 珍しいメーカーは、バターにカーキ色です。
「あやめ」も「かきつばた」も同科の花で区別しにくいように、
同じように美しく、優劣がつけがたいたとえ。

居候(いそうろう)、三杯目にはそっと出し

In solo, son buy many were soft dash.

¶ ソロにおいて、多くの息子買物は、柔らかいダッシュでした。
他人の家で世話になっている人は、なにかにつけて遠慮するものだ。

急がば回れ

Is so govern Malay.

¶ そうです、マレー語を支配してください。
急いでいるときは、ちょっと危ないと思っても、
つい近い道を選んでしまう。それがかえって失敗になる。
遠回りに思えても安全策を取った方が結果的に得になることが多い。

磯(いそ)の鮑(あわび)の片思い

Is son known hour vino cutter warming.

¶ 息子知られている時間はぶどう酒カッターの温暖化ですか？
鮑は貝殻が片方しかない。そこで片思いを洒落て言った言葉。

板垣死すとも自由は死せず

Inter girl kisses Tom, jewel she says.

¶ インテルの女の子は、トム（彼女が言う宝石）にキスします。
自由民権運動の旗頭、板垣退助が遊説中に暴漢に襲われ負傷した際、
叫んだといわれている言葉。しかし板垣は実際はこのように言ってはおらず、
「痛くてたまらねぇ。医者をよんでくれ」と叫んだらしい。

一芸は道に通ずる

Each gay wormy chinny true the room.

¶ 各々の同性愛者の虫のついたあご先の目立つ正しい状態は、部屋です。
どんな芸でもその道を究めた人間は、他の物事でも理解する能力を持っている。

一期一会

Each going cheer.

¶ 各々の現行元気。
一生に一度しかない機会や出会いだと考えてそのことを大切にすること。

一事が万事

Each jingle bungee.

¶ 各りんりんバンジー。

一つの事を見るだけで、他のすべての事が推察できること。また、一つの事を見て、すべてはその調子になるだろうということ。

一日千秋（いちじつせんしゅう）

Each jets sensual.

¶ 官能的な各々のジェット。

一日が千年にも感じられるほど慕う気持ちや待ち望む気持ちが非常に強いこと。

一難去ってまた一難

Each now thirteen, matter each now.

¶ 各々現在、13は現在各々重要です。

災難をなんとか切り抜けたと思ったら、また災難が降りかかってくること。

一念岩をも通す（いちねんいわ）

Each name it wow more toes.

¶ 各々、それをより多くが足指で触れる大当たりと呼んでください。

強い信念をもって物事に当たれば、どんな難題でも成し遂げることができる。

一病息災（いちびょうそくさい）

Each beyond sock sigh.

¶ 各々の向こうにパンチのきいたため息。
持病が一つくらいある方が、病気のない人よりも健康に注意し、
かえって長生きするものだ。

一富士 二鷹 三茄子（いちふじ にたか さんなすび）

Each foody knee tackle saunas be.

¶ 各々の食い道楽ひざタックルサウナは、そうです。
初夢でみると縁起のいいもの。

一喜一憂

It key each you.

¶ それは、各々あなたに鍵をかけます。
状況が変わる度に喜んだり心配したりすること。

一寸先は闇

In soon sacking wire me.

¶ すぐに打ち負かす際に、私を配線してください。
将来や未来のことは、全くわからず予測がつかないものだということ。

一寸の虫にも五分の魂

It soon no machine need more, govern not mercy.

¶ **それは、すぐにより必要を少しも機械化しなくて、慈悲を支配しません。**
小さくて弱いと思われるものでもそれなりの根性や気持ちがあるので、
馬鹿にしてはいけない。

一世を風靡（ふうび）する

It's sayer fool be through.

¶ **馬鹿が終わっていることは、言う人です。**
風が草木をなびかせるように、広い範囲にわたってなびき従わせること。

一刀両断

Intro your down.

¶ **あなたのダウンを紹介してください。**
一発で相手をやっつけること。

一杯食わせる

It pie core sale.

¶ **それは、中心的な販売にパイをぶつけます。**
人をだます。

いつまでもあると思うな親と金

It's madam, alto more now yacht canny.

¶ **それは奥様です、アルトはより現在利口にヨットに乗ります。**
親に頼っていても親はいつかは自分より先に死んでしまう。
だから自分でしっかり自立して生きていくことが大切である。

糸の切れた凧（たこ）

Eaten knocking letter taco.

¶ **食べられたノック手紙タコス。**
どこへ行ったか分からない様子をいう。

犬に論語

In nooning long go.

¶ **長く正午には、行ってください。**
犬に論語を説明しても理解できないように、
どんなに道理を説き聞かせても効果がなく、無駄なことをいう。

犬の遠吠え

In noon know turbo way.

¶ **正午には、ターボ方法を知っていてください。**
臆病者が実力者のいないところで威張りちらしたり、他の人の陰口を叩いたりすること。

犬も歩けば棒に当たる

In new more a look cable, boning at a room.

¶ より新しいものに、部屋で詰め込んで、観察は外電を打ちます。
もとは、犬も出歩くから、理由なく棒でぶたれるのだということから、
積極的に物事をすると災難にあることも多いという意味だった。
最近は、出歩いていれば、思いがけない幸運にあうという意味で多く使われる。

命あっての物種(ものだね)

In know cheer tenor, mono dining.

¶ 中で、元気テノール（モノフォニックの食事）を知っていてください。
何事も命があって成し得るのである。死んでしまえばやりたいこともできない。

命の洗濯

In ouch nothing tackle.

¶ けがなんでもないことに、取り組んでください。
日ごろの苦労を忘れて、思う存分に楽しむこと。

井の中の蛙（かわず）大海（たいかい）を知らず

In no knocker know cows, tie kind wash runs.

¶ ノッカー知っているではありません牛は、ネクタイを洗うような失点。
井戸の中にいる蛙は、そこが世界のすべてだと思っていて、
大きな海のあることを知らない。自分の狭い考え方や見方にとらわれて、
得意になっている世間知らずの人を戒めたことわざ。

今泣いた烏（からす）がもう笑う

In my night color soon got more water.

¶ 私の夜には、色はすぐにより多くの水を得ました。
子供の機嫌が変わりやすいことをいう。

芋の煮えたも御存じない

Immoral near term go zones nine.

¶ 不道徳な近い学期試みは、9 をゾーンに分けます。
世間の常識に疎い人のことをあざけっていう言葉。

色男　金と力は無かりけり

In rote corn, canny torch color were not curry Kerry.

¶ まる暗記コーンで、利口なトーチカラーは、カレーケリーではありませんでした。
女に好かれるような美男子には、兎角（とかく）財力と腕力がないものだ。

色の白いは七難隠(しちなんかく)す

Ill owner throwing were city none carks.

¶ **投げている悪い所有者は、決して都市でありませんでした苦労。**
色白の女性は、少しぐらい難点があっても目につかない。

イロハのイ

Ill Hanoi.

¶ **悪いハノイ。**
基本中の基本。

鰯(いわし)の頭も信心(しんじん)から

In washing no atom a mall scene gene color.

¶ **原子を洗わない際に、モールシーン遺伝子は色がつきます。**
鰯の頭のようにつまらないものでも、それを信仰する人には尊く思われる
ということから、信仰心は不思議な力を持つものだということ。
また、頑迷に信じ込んでいる人を揶揄していう。

言わずもがな

It was more Ghana.

¶ **それはより多くのガーナでした。**
当然のことで、言う必要はないだろう。

引導を渡す

Indoor waters.

¶ 屋内の海。

相手に教え諭すように言うこと。また、最終的な宣告をすること。

陰徳(いんとく)あれば陽報(ようほう)あり

In talk at lever, your for early.

¶ レバーの話で、あなた早く賛成です。

密かに善いことを行えば、後日必ず善い報いを受ける。

飢えては食を選ばず

Waiter was shock on elbows.

¶ ウェイターは、肘のショックでした。

お腹が空いている時は、どんなに粗末なものでも美味しく感じ、
より好みしないものである。

上には上がある

Way near way girl.

¶ 方法の女の子の近くの方法。

それが最高に優れていると思っても更に優れているものがある。

魚心(うおごころ)あれば水心(みずごころ)

War go colon a lever, meeds go colon.

¶ 戦争試みコロンは、レバー（報い試みコロン）です。

相手が自分に好意を持てば、こちらもそれに応えて好意を持つものである。

鶯(うぐいす)鳴かせたこともある

Would Greece now cassette a coat moire.

¶ ギリシャは、現在コートモアレをカセット化します。

今は年老いてしまったが、かつて若い頃は男に持て囃されたこともある。
若い男を鶯に、自分を梅の木にたとえている。

烏合(うごう)の衆

Would go no shoe.

¶ 靴は行っていない。

烏の群れのように、規律も統一もなく、ただ寄り集まっている群集。

牛に引かれて善光寺(ぜんこうじ)参り

Wish niffy current then cozy my ring.

¶ 慎重にそれから悪臭のする流れの私のリングを祈ってください。

思い掛けないことが縁で、自分の意志ではなくて偶然、良い結果に導かれること。

嘘から出た実（まこと）

Would scalar day term a coat.

¶ 上着の任期は、スカラー日です。

人をだますつもりで言ったことが偶然事実となってしまうこと。

嘘は泥棒のはじまり

Would sour draw boner has marry.

¶ へまが持つすっぱい抽選は、結婚します。

嘘をつき始めると、やがて泥棒のような悪事も働くようになる、という戒め。

嘘も方便

Wood some hole Ben.

¶ 木材いくつかの穴ベンです。

嘘をつくのは本来よくないが、
場合によっては嘘をついた方がよい結果になる場合もある。

疑わしきは罰せず

Would tagger wash keyword, but says.

¶ タグ付け機は、言わないキーワードを洗います。

証拠がないのに、こいつは怪しいとの理由だけで有罪にしてはいけないということ。

独活(うど)の大木

Wood know tie balk.

¶ ウッドは、タイ妨害を知っています。
図体ばかりが大きくて、動作が遅く役に立たない者のこと。

鵜(う)のまねする烏

Would know money through colors.

¶ 色を通してお金を知っています。
自分の実力も省みず、人の真似をして失敗すること。

馬が合う

Woman gown.

¶ 女性のガウン。
馬と乗り手の息が合うように、気心の知れた相手とうまくいくこと。

うまくいったらお慰(なぐさ)み

Woman queen taller owner good Sammy.

¶ 女性は、より背が高い所有者良いサミーを女王にします。
失敗して当たり前なので、うまくいったならば結構なことだ、ということ。

馬の耳に念仏

Woman know me mini name boots.

¶ **女性は私を知っています。そして、ミニ名前はけとばします。**
馬にいくら念仏を聞かせても、そのありがたみが全く分からない。
相手に忠告や意見をしても全然効き目がなく、無駄になること。

生みの親より育ての親

Would me know oh yeah yearly soda tenor oh yeah.

¶ **毎年そうだ、ソーダテノールを知ってください。私、そうだ。**
生んで自分を手放した親よりも、
育ててくれた養父母に対する恩や愛情が強いということ。

梅に鶯（うぐいす）

Would menu grease.

¶ **メニューはグリースを塗るでしょうか？**
よい取り合わせの例。

売られた喧嘩は買わねばならぬ

Wool a rental came cower, cower never now runner.

¶ **賃貸が近付いたウールは、すくみます、現在決してでなくすくみますランナー。**
喧嘩をふっかけられたら買わなければ男がすたるというものだ。

噂をすれば影が射す

Wooer saw slaver, car gang a suss.

¶ 求愛者はよだれを見ました。そして、自動車ギャングが疑念でした。
人の噂をしていると、その噂の当人が偶然のようにそこにやってくること。

英雄色を好む

Air you in rocker norm.

¶ ロッカー基準であなたを風に当ててください。
英雄はきまって女好きである。

江戸の仇(かたき)を長崎で討つ

Aid knocker turkey on, now got sacking day woods.

¶ 進行中の援助ノッカー七面鳥は、その時日木を袋に入れていました。
違った方法で、仕返しをすること。

絵にかいた餅

Any kite march.

¶ どんな凧の行進。
絵に描いた餅は食べられない。話の上だけで実際には全く役に立たないことや、
本物でなければ、値打ちもないもののことをいう。

ほったいもいじるな誕生秘話

この本はブログ「ほったいもいじるな」(http://hottaimoijiruna.seesaa.net/) を書籍化したものである。そのブログが誕生したきっかけはささいなことだった。

あれは 2003 年の暮れのこと。学生時代の英語のノートが大掃除中に偶然見つかった。何気なしにページを繰っていて「なんじゃこりゃあ!」と驚いた。そこには「俳句の音を英単語に置き換えたシロモノ」(ほったいも変換) がずらりと書き連ねてあったのである。しばし掃除の手を止め、はるか昔の記憶を呼び起こしてみた。

そういえば、学生時代に一つの言葉遊びに出会ったことを思い出した。

"Fool in care, cow was to become miss note."

というもの。音読すると松尾芭蕉の名句「古池や　蛙飛び込む　水の音」に聴こえるではないか。これは面白い。他にもあるだろうかと探したが見つからなかった。だったら自分で作っちゃえと思ったらしい。元来言葉遊び的なものが好きな自分にとって、格好のヒマつぶしだったようだ。加えて英語の授業が退屈だったとくれば、創作活動にいそしむのは当然の成り行きだった。辞書を調べていろいろな俳句に単語をあてはめ、英語のノートに書き写していく。できた作品が可笑しくて授業中に吹き出しそうになったこともあった。それでもセッセと英和辞書を引いていたので、教授の目には熱心な学生に映っていたようだ。

そんなノートを発見したその年、2003 年はまさにブログの黎明期。ブログを開設した当初 1 ヶ月は普通の日常を綴る内容だった。が、その間に実感したのは「ブログは大ブレイクする」だった。インターネットは大海原みたいなもので、ごく普通の日記みたいなものでは埋没してしまうと常々思っていた。とにかくブログもユニークな内容のものに変えたいと模索していたのである。ノートに綴られた「ほったいも変換」の数々をみて、自分のアホさ加減にあきれ返ったが、反面、「これはブログに使える」と直感した。こうして大掃除で処分される運命にあったノートとの出会いによって、この「ほったいもいじるな」は生まれたのである。

海老で鯛（たい）を釣る

Everyday tire true.

¶ 本当の日常的なタイヤ。

小さな海老で大きな鯛を釣るように、ほんの少しの努力や負担で多くの収穫を得ること。

縁の下の力持ち

Anal sitter know checker run much.

¶ 肛門の看護人は、非常に動くチェッカーを知っています。

「縁の下」は家の床下のことで、普段は人の目につかない。人にはわからないところで、他の人のために頑張って力を尽くすことや、そのようなことをしている人のこと。

老いては子に従え

Owing tear, cony sit a guy.

¶ 借金があることは引き裂きます、ウサギは人に乗ります。

年老いたら、何事も子に任せて、子の言うことに従うのがよい。

大男総身（おおおとこそうみ）に智恵が回りかね

Oh article, so many cheer-girl marry cunning.

¶ おお、記事、同数のチアー・ガール、巧妙に結婚します。

体ばかり大きくて、頭の鈍い男をからかって言った川柳。

大風呂敷を広げる

Oh brush key on hero gale.

¶ ああ、英雄強風に関してキーをこすってください。
実現性のない計画を立てたり、大きな法螺(ほら)を吹くこと。

大目に見る

Oh many meal.

¶ おお、多くの食事。
寛大に対処すること。

お言葉に甘える

October near mile.

¶ マイルの近くの 10 月。
相手の厚意をそのまま受ける。

驕(おご)る平家は久しからず

Own goal hey care, he sash colors.

¶ オウンゴールおい気にかけます、彼は色にサッシを付けます。
自分の高い地位を利用して勝手な振る舞いをするものは、いずれは滅ぶということ。

推（お）して知るべし

Wash tea seal basing.

¶ 基づいているお茶アザラシを洗ってください。
ある事実を根拠にして考えれば簡単にわかる。自明のことである。

押しても駄目なら引いてみな

Wash tamer dummy narrow hit terminal.

¶ よりおとなしい偽の狭い攻撃されたターミナルを洗ってください。
一つの方法にとらわれず、いろんなことをやってみることだ。

遅かりし由良之介（ゆらのすけ）

Also curry see your runner scan.

¶ また、カレーはあなたのランナーがスキャンするのを見ます。
間に合わなかった！という意味。芝居「仮名手本忠臣蔵」で、
主人公・大星由良之助が主君の切腹に間に合わなかったことから出た言葉。

お茶の子さいさい

Oh ciao knock sigh sigh.

¶ ああチャオ、ため息ため息を打ってください。
物事を簡単にやってしまうこと。

男は敷居をまたげば七人(しちにん)の敵あり

Auto core, shaking on matter gave up, sit chinning no taking early.

¶ 自動コア、件における震動をやめて、早く懸垂をしながら、魅力的でなく座ってください。

男が世の中で働こうとすれば、たくさんの競争相手がいるということ。

男は度胸、女は愛嬌

Auto call were dockyard, own now one IQ.

¶ 自動呼び出しは造船所でした、すぐに 1 つの IQ を所有してください。

男は度胸を持っていることが大切で、女は愛嬌があるのが一番大事だということ。

男冥利(おとこみょうり)に尽きる

Auto come yearly, need to kill.

¶ 自動車は、毎年来て、殺す必要があります。

男に生まれた甲斐がある。

驚き桃の木山椒(さんしょ)の木

Old Rocky mom knocking sun show knocking.

¶ 打っている太陽ショーを打っている年をとったロッキーおかあさん。

びっくりした時、大げさに言う言葉遊び。

同じ穴の狢（むじな）

Owners are not Norma Jean now.

¶ 現在、所有者はノーマ・ジーンではありません。
外見は別の者のように見えるが、実は同じ悪巧みを抱く悪党たちである。

鬼に金棒

Warning need car number.

¶ 警告は自動車番号を必要とします。
ただでさえ強い者にさらに強力なものが加わるたとえ。

鬼の居ぬ間の洗濯

Warning know in new man of same tackle.

¶ 警告は、同じタックルの新しい男性で知っています。
こわい人や気詰まりな人がいない間に、ゆっくりとくつろいで、
心の洗濯をしなさいという意味。

鬼の霍乱（かくらん）

Warning know cark run.

¶ 警告は、動く苦労を知っています。
いつもは元気で丈夫な人が珍しく病気にかかること。

鬼の目にも涙

Warning know many more now medal.

¶ 警告は、より多くの今のメダルを知っています。

冷酷に見える人でも、時には温かい人間味のある態度をとることがある。

溺れる者は藁(わら)をもつかむ

Of rail mono were water warm to come.

¶ 鉄道の、モノは来るために暖かい水でした。

溺れている人は助かりたい一心で、藁のように頼りないものにでも
つかまろうとすることから、人はたいへん辛いとき、
そこから逃れようとしてどんなものにでも頼ってしまうものだということ。

お前百までわしゃ九十九まで 共に白髪の生えるまで

Oh my hack Monday, washer could juke Monday.

Tom needs slugger known high rumor day.

¶ ああ私のハック月曜日、ウォッシャーは月曜日を欺くことができました。
トムは、スラッガー既知の高さ噂日を必要とします。

夫婦が仲睦まじく、共に長生きして暮らそうということ。

思い立ったが吉日

On monitor turned girl, kitchen jets.

¶ モニタータグ付け機で、台所は噴出します。
何かをしようと思ったらすぐに実行するべきである。

親が親なら子も子

Oh younger oh yeah narrow common call.

¶ 年下の者、ああああ、はいは一般の呼び出しを狭めます。
親と子供は悪いところもよく似るということ。

親が死んでも食休み

Oh younger scene demo shock yes me.

¶ 若者シーンデモショック、ああはい私。
どんな場合でも、食事の後は休んだほうがいいということ。

親の心子知らず

Oh yeah knock a colon cosh razz.

¶ ああはい、コロン棍棒酷評を打ってください。
親は子供のことを心配するが、
子供はそんなこともおかまいなしに勝手なことをするということ。

親の光は七光

Oh yeah no hickory were nano hickory.

¶ **おお、はいヒッコリーはない、ナノ・ヒッコリーでした。**
親が名声を得ていたり、地位が高かったりすると、
そのおかげで子供は、何もしないでも得をするものだということ。

親の欲目

Oh yeah New York men.

¶ **おお、はい、ニューヨークの人。**
親は我が子可愛さのあまり、実力以上に評価すること。

終わりよければ全てよし

Oh worry yolky lever, subedit your scene.

¶ **ああ、卵黄のレバーを悩ませてください。あなたの場面を編集補助してください。**
結果さえよければ過程は問題ではない。

女心と秋の空

Owner goggle to a king know solar.

¶ **王への所有者ゴーグルは、ソーラーを知っています。**
秋の天気が変わりやすいように、男に対する女の気持ちも変わりやすい。

女三人寄れば姦しい(かしま)

Owner sunny your lever cash machine.

¶ 陽気な所有者は、あなたのレバー現金自動預払い機です。
女が三人いればうるさいのは当たり前のことである。

恩を仇で返す

Own all other decker ace.

¶ 他の全ての甲板のある船エースを所有してください。
受けた恩に対して、恩で報いず、逆に相手に害を与えるようなことをすること。

飼い犬に手を噛まれる

Kindly tear comer rail.

¶ どうぞ、来る人レールを裂いてください。
普段から大事にしてやっている者から、思いがけず害を加えられること。

快哉(かいさい)を叫ぶ

Kind sigh author cable.

¶ 親切なため息著者ケーブル。
うれしい出来事に喜びの声を上げる。

か

快刀乱麻(かいとうらんま)を断つ

Kind trauma on tattoo.

¶ 入れ墨での親切なトラウマ。
もつれていた物事を鮮やかに解決すること。

蛙の子は蛙

Kyle know core Kyle.

¶ カイルは、中心的なカイルを知っています。
姿形が違うおたまじゃくしも、やがて親と同じ蛙になる。子は親に似るということ。

学者の取った天下なし

Guck shall know totter tinker nothing.

¶ 屑は、よろめきが何も調整しないということを知っています。
学者がいくら偉そうに論じても、現実の政治は理論どおりにはいかないということ。

学問に王道なし

Gock morning, order nothing.

¶ 汚物朝、何も命じないでください。
学問をするのに近道や安易な方法はない。

火事場の馬鹿力

Cows burn a backer's color.

¶ 牛は、後援者の色を燃やします。

緊急事態の時には、普段出ないような力が出ること。

風が吹けば桶屋が儲かる

Cousin girl who cable, OK younger more call.

¶ 外電を打ついとこの女の子、OK のより若いより多くの呼び出し。

思わぬ結果が生じることのたとえ。

稼ぐに追いつく貧乏なし

Cathay goony, oh it's cool, beanball nothing.

¶ 中国ならず者、ああ、それは涼しいです、何にもビーンボールを投げないでください。

常に真面目にコツコツ働いていれば貧乏におちいることはないということ。

風邪は万病の元

Cars were man beyond no motto.

¶ 車は、モットーを越えた人ではありませんでした。

風邪が元であらゆる病気を引き起こしたりするから、注意が必要である。

渇(か)しても盗泉(とうせん)の水を飲まず

Customer, toes anal mizzle on normals.

¶ 顧客は、法線で肛門の霧雨に足指で触れます。
いくら苦しくても、不正、不義を行わず、身を慎むことが大切である。
孔子が「盗泉」という泉が湧くところを通った際、喉が渇いていたが、
その地名の悪さを嫌ってその水を飲まなかったことから。

勝って驕らず、負けて腐らず

Catty ago razz, marketing could salads.

¶ 陰険な前酷評、マーケティングはそうすることができましたサラダ。
終わった勝負に対する心構え。

我田引水(がでんいんすい)

Garden in swing.

¶ スイングで庭いじりをしてください。
自分自身の利益になるように行動すること。

金は天下の回り物

Canning what twinkle know Marilyn Monroe.

¶ マリリンモンローを知っているだけのきらめきを缶詰にすること。
金銭は一つの場所にばかり留まってはいない。多くの金銭を持っていても
いずれはなくなり、今持っていない者にお金は回って来るだろうということ。

金持ち喧嘩せず

Canny march Ken curses.

¶ 利口な行進ケンはののしります。
人と争うのは損することはあっても得することはない。
だから計算高い金持ちは喧嘩をしない。

壁に耳あり障子に目あり

Carl Benny Mimi Ally Sean Jenny Mary.

¶ カール、ベニー、ミミ、アリー、ショーン、ジェニー、メアリー。
どこで誰に聞かれているか分からないという戒め。

噛む馬は終(しま)いまで噛む

Come woman washing my madam come.

¶ 来てください。私の夫人を洗っている女性が来ます。
悪い癖はなかなか治らない。

亀の甲より年の功（劫）

Carmen on corn yearly tossing no corn.

¶ 毎年コーンをかき混ぜていないコーンのカルメン。
長年の経験を積んだ人の知恵は大切だというたとえ。

鴨(かも)にする

Come morning through.

¶ ずっと朝来てください。
勝負事で相手を食いものにすること。「鴨(かも)る」ともいう。

痒いところに手が届く

Can you eat colony tangle to dock.

¶ あなたは、ドックに植民地もつれを食べることができます。
細かい所まで十分に配慮が行き届いている。

借りてきた猫

Curry teakettle neck all.

¶ すべてやかん首をカレーで調理してください。
普段とは違って、とてもおとなしくしている様子のこと。

画龍点睛(がりょうてんせい)を欠く

Girlie on tense air cock.

¶ 緊張した空気コックのおねえちゃん。
肝心の最後の仕上げができていないこと。中国の絵の名人が龍の絵を描き、最後に瞳を入れたところで本物の龍となって昇天してしまったことから。

枯れ木も山のにぎわい

Curry king more yammer knowing in wine.

¶ より多くがワインで知っていることとまくしたてるカレー王。
たとえつまらないものでも、全くないよりはましだと言うこと。

彼を知り己を知れば、百戦殆(あやう)からず

Curry of silly, anally wash lever,

hack sane are your colors.

¶ ばか（肛門的に洗浄レバー）のカレー、正気のハックは、あなたの色です。
敵、味方の情勢を熟知して戦えば、何度戦っても敗れることはない。

かわいい子には旅をさせよ

Kauai cony were tabby on sad sayer.

¶ カウアイウサギは、かわいそうな言う人のぶちネコでした。
子供を愛しているなら自分の手元に置かずに辛い経験をさせたほうが、
後々にその子供のためになるということ。

可愛さ余って憎さ百倍

Kauai summer tale, Nixon hack bye.

¶ カウアイ島の夏の物語は、ニクソンハックさようなら。
人を愛するあまり、かえってその人を愛する以上に憎み、呪うようになることがある。

閑古鳥(かんこどり)が鳴く

Come cold leaguer knock.

¶ 来られた冷たいリーガーノック。

お客が来ず、商売がうまくいかないこと。
閑古鳥とはかっこうのことで、その鳴き声が寂しいことから。

韓信(かんしん)の股(また)くぐり

Can cinema tackle green.

¶ 映画は、緑に取り組むことができますか。

大望がある人間は一時の恥や屈辱に耐え、
目的を達成するまで我慢しなければならないというたとえ。

艱難汝(かんなんなんじ)を玉(たま)にす

Canon nans owe term moneys.

¶ キヤノンおばあちゃんは、学期金額を借りています。

人間は多くの苦しみや困難に打ち勝って、立派な人間になっていくものである。

堪忍袋の緒が切れる

Cunning book runner organ key rail.

¶ ずるい本ランナー器官キーレール。

もうこれ以上は、我慢し続けていることができなくなること。
我慢の限界を超えることをいう。

看板に偽りなし

Come bunny it's worry nothing.

¶ それが持つウサちゃんが来ると、何も心配させないでください。
お店には看板があり、それを見れば、何を売っているのかが分かる。
宣伝と実物が同じこと、また、言葉と行いが同じことをいう。

聞くと見るとは大違い

Kick tomato were ouch guy.

¶ キックトマトは、けが人でした。
噂で聞いたことと、実際に目にしたことでは大きな違いがあるということ。

聞くは一時の恥　聞かぬは一生の恥

Kick were in talky no hedge.

Kick canoe one it show no hedge.

¶ キックは、話し好きな垣根なしでした。
カヌー１をけります、それは垣根を示しません。
知らないことを人に聞くときは、恥ずかしい思いがするかもしれないが、恥ずかしいのは
その場だけで、聞かずに一生を過ごしてしまうことの方がもっと恥ずかしいということ。

机上の空論

Key journal clone.

¶ 主要なジャーナルクローン。

机の上の考えだけで、実際には合わない意見や計算のこと。

毛を吹いて疵(きず)を求む

Carefully tale, kids warm Tom.

¶ 注意深く、物語は暖かいトムをからかいます。

髪の毛を吹き分けて傷を探し出すという意味で、無理に他人の悪事や欠点を暴き出し、追求すること。そうすることによって逆に自分の欠点をさらけ出すことをいう。

傷口に塩

Kid's goo chinny show.

¶ 子供のベタベタあご先の目立つショー。

困っているところに、さらに面倒なことが起こること。

木で鼻を括(くく)る

Kidding Hanna on cockle.

¶ しわでハンナをからかいます。

人を小馬鹿にする態度や、冷たい素振りをすること。

木に縁(よ)りて魚を求む

King nearly tale warm on Tom.

¶ トムの上でほとんど暖かい話を王にしてください。
間違った方法では何も得られないということ。見当違いで困難な望みを持つこと。

窮すれば通ず

Cue slaver tours.

¶ 合図よだれは旅行します。
行き詰まってどうにもならなくなると、逆に活路は見出せるものだということ。

窮鼠猫(きゅうそねこ)をかむ

Cue so neck on come.

¶ 近付かれてそう首にきっかけを与えてください。
弱い者でも追い詰められると、強い者に噛み付いていくものだ。

麒麟(きりん)も老いては駑馬(どば)に劣る

Killing more owing tear Dover near tall.

¶ 裂け目にドーヴァーをさらに負いながら、高いことの近くで殺します。
優れた人も、年老いてしまったら、普通の人にも及ばないようになる。

木を見て森を見ず

Key of meter mauling on means.

¶ メートルの財産の上で傷つけることに鍵をかけてください。
木の一本、一本に気をとられて、森全体がどうなっているか分からない。
細かいところばかり気をとられて、全体を見わたせないということ。

禁断の木の実

Kingdom no economy.

¶ 経済王国ありません。
固く禁じられてはいるが、非常に魅力に富んだ誘惑的な快楽や行為。

食い物の恨みは怖い

Queen mono know ramen work wine.

¶ モノタイプ女王はラーメン仕事ワインを知っています。
食べ物に関する恨みほど深いものはない。

グーの音も出ない

Goon know name on deny.

¶ 暴力団員の名前を知って否定します。
すこしも反論ができない。

臭いものに蓋をする

Could Simon niff town through.

¶ **サイモン悪臭町は、終わりまでそうすることができました。**
都合の悪いことを隠そうと、その場凌ぎの姑息な手段を取ること。

腐っても鯛

Could thirteen more tie.

¶ **さらに13が結ぶことができましたか。**
素晴らしいものは駄目になってしまっても
やっぱりそれなりの価値があるものだということ。

草葉の陰で泣いている

Could server knock again deny tale.

¶ **サーバーノックは、再び話を否定することができました。**
そんなことをしていると、自分を知る亡くなった人がきっと悲しんでいるという意味。

薬も過ぎれば毒となる

Could slim singing lever doc tunnel.

¶ **貧弱な歌は、医者トンネルをてこで動かすことができました。**
薬にも適量があって、量を飲み過ぎると逆に健康に悪い。
何事も度を超すのは良くないということ。

口自慢の仕事下手

Cootie German know she got better.

¶ ドイツ人のクーティは、彼女が快方に向かったということを知っています。
口ばかり達者だが、仕事はまともにできないということ。

口は禍のもと

Cool Chihuahua the wine know motto.

¶ ワインものは知っている涼しいチワワモットー。
うっかり口をすべらせて言ってはいけないことを言うと自分でも思いもよらない
悪いことが起きるので気をつけるようにという戒め。

国破れて山河(さんが)あり

Could near bread sun girlie.

¶ 近いパンは、おねえちゃんを日にさらすことができました。
都は長く続いた戦乱のために破壊されてしまったが、
自然の山や川は昔のまま残っている。

愚の骨頂

Good knock of ciao!

¶ よいノック、チャオ！
この上なく愚かなこと。最も馬鹿げたこと。

苦杯を喫する

Could higher kiss room.

¶ より高いキスは同居することができました。
勝負に負けて精神的苦痛に満ちた経験をする。

苦しい時の神頼み

Crew sea talking know coming dad know me.

¶ 話しているクルー海は、来るべきおとうさんが私を知っているのを見たことがあります。
いつもは神様を信じない人が自分が苦境に陥った時だけ、神様に祈って何とか助けてもらおうとすること。

軍門に降(くだ)る

Good morning, could dull.

¶ おはよう、鈍くなることができました。
戦いに敗れる。降参する。

鶏口(けいこう)となるも牛後(ぎゅうご)となるなかれ

Cake on tone a rumor,

gill got to narrow now curry.

¶ 噂をトーンに固まり付かせてください、
えらは現在カレーを狭くしなければなりません。
大きな団体に属してその一員になるより、小さな団体でもそのトップになる方が良い。

芸術は長く、人生は短し

Gay jets were nagger cool, jean say were

means cashing.

¶ 同性愛者のジェットは小言屋涼しさでした、
意見がそうであったジーンズは現金化することを意味します。
人の命は短いが、優れた芸術はその作者が死んでも、長く後世に名声や評判を残す。

芸術は爆発だ

Gay jets were back hat's dad.

¶ 陽気なジェットは後ろに帽子のお父さんでした。
日本を代表する芸術家、故・岡本太郎氏の名言。

継続は力なり

Kay's cool watch color now lee.

¶ ケイは、冷静な見張りに現在風下に色をつけさせます。
小さなことでもコツコツと続けていれば、
いずれは大きな力となり、大きな成果が得られる。

芸は身を助ける

Gay worming want a scale.

¶ 同性愛者に巧みに引き出すことは、スケールが欲しいです。
優れている技術や才能があれば、困ったときでもそれでお金を稼いで生活できる。

下衆（げす）の勘繰り

Guess no can green.

¶ 缶を推測しない、緑。
つまらない人間は、あれこれいろいろ邪推してしまうものだ。

尻（ケツ）の穴が小さい

Kate's know an anger chief sigh.

¶ ケイトのものは、怒りチーフため息を知っています。
度量が狭い。小心である。

か

光陰(こういん)矢の如し

Coin young know go to see.

¶ コイン若者は、見る試みを知っています。
月日が経つのは、矢が飛んでいくように非常に速いということ。

後悔先に立たず

Coke ice a kiddy tartans.

¶ コークは、ちびっこタータンを氷でおおいます。
すでにしてしまったことをしなければよかったと
いくら悔しがってもどうすることもできない。

孝行したい時に親は無し

Concourse style talking neon year were nothing.

¶ ネオンの年を語っているコンコーススタイルは、何でもありませんでした。
親孝行をしようかという気持ちになる頃には、自分もそれなりの年を重ねて、
親はもう死んでいなくなっているものだ。

後生畏(こうせいおそ)るべし

Call say also rubbish.

¶ 呼び出し、さらに廃物は言います。
後進の者はこれからどれだけ伸びるか分からない恐るべき存在だから、侮ってはいけない。

郷に入っては郷に従え

Go knitwear going sit a guy.

¶ 行っている試みニットウェアは、人を収容します。
その土地の風俗や習慣に従うのが無難である。

弘法筆を択ばず（こうぼうふでをえらばず）

Cobble foodie on elbows.

¶ 肘の上のグルメを修繕してください。
本当の名人は道具の良し悪しに関わらず立派な仕事をするということ。

弘法も筆の誤り（こうぼうもふでのあやまり）

Combo morph day know a young marine.

¶ コンボモーフ日は、若い海兵隊員を知っています。
弘法大師のような書道の名人でも書き損じをすることがある。
その道に長じた人でも時には失敗を犯すことがあるというたとえ。

紺屋の明後日（こうやのあさって）

Coyer know at thirty.

¶ より内気な 30 才で、知っています。
約束がいい加減だったり、当てにならないこと。

か

虎穴に入らずんば虎子を得ず

Cooky to need lesson bar cozy always.

¶ 常にレッスンバーがくつろいでいることが必要なクッキー。

虎の子をつかまえようと思ったら、虎の穴に入らなければならない。危険なことをすすんでやる勇気がなければ、大きな手柄を立てることができないということ。

五十歩百歩

Go Zippo he apple.

¶ 試みジッポ彼リンゴ。

程度の差はあっても、本質的な違いはないこと。

小次郎敗れたり！

Cozy lawyer boo lettering!

¶ 快適な弁護士ブーイング・レタリング！

巌流島の決闘で宮本武蔵が佐々木小次郎に発した言葉。

五臓六腑(ごぞうろっぷ)に染み渡る

Gods on rope need swimming waterloo.

¶ ロープ上の神は惨敗を泳がせることを必要とします ように。

内臓全体で感じるような美味しさをいう。

骨肉相食む

こつにくあいはむ

Con tunic I harm.

¶ 私が害するチュニックを熟考してください。

親子・兄弟などの血縁同士が争うこと。肉親同士が殺し合うこと。

骨肉の争い

Corn tunic Knorr a la soy.

¶ 醤油のようなとうもろこしチュニック・クノール。

血がつながった者同士の争い。

子供の喧嘩に親が出る

Condom knocking cunning on younger dale.

¶ 狡猾さのより若い谷を打っているコンドーム。

子供同士の喧嘩に親が口出しをすること。大人げないことをいう。

子は鎹

かすがい

Caucus guy.

¶ 幹部会議の奴。

子は夫婦の仲をつなぎとめるような存在である。

ほったいもいじるなのススメ

日本に来た外国人が英語で道を尋ねる、ということに常々違和感を覚えていた。「日本に来たのなら、カタコトでもいいから日本語をしゃべらんかい！」と。日本人はアメリカに旅行に行ったら、英会話本を片手に英語で話そうとするではないか。それなのになぜ彼らは他の国に来てまで英語で通そうとするのだろう。「郷に入っては郷に従え」という言葉を知っているかどうか、税関は入国の際のチェック項目に入れてもらいたくらいである。

そんな来日した外国人のために「ほったいもいじるな」が役に立つはずだ。例えば、

「コノ、デンシャ　ハ、アサクサ　ニ　イキマスカ？」は
"Corner Dane shower, a Saxony inky masker."である。

音読してみてほしい。我々日本人には「この電車は浅草に行きますか？」と聴こえるだろう。文法が多少間違っていても要は会話は通じればいいのだ、というのは、昔から言われていることである。たとえ上の文章がこんな意味であったとしてもだ。

「デンマーク人シャワー、サクソニー地方の真っ黒な覆面者を追い詰めてください。」（逆翻訳）

せっかく日本語で尋ねてくれたのだから、答えるほうも「Yes」ではいけない。ちゃんと日本語で答えるべきである。なんならこちらもカタコトの日本語で応じたほうがより親切かもしれない。

「ハイ、ダイジョウブ　デス」
Hi, die job death.
こんにちは、仕事の死を遂げてください。（逆翻訳）

会話が通じれば、心が通じる。心が通じれば人類皆兄弟だ。

どうか、この本を利用して周りにいる外国人にことわざなどを教え、国際交流を図ってほしい。なんなら今度は外国人向けに「ほったいも版・ニッポン旅行ガイド本」を書いてもいいぞ（笑）。

ごまめの歯軋（はぎし）り

Go mammy know hugging silly.

¶ 試みマミーは、抱いているばかを知っています。

悔しがっても、力がないために、どうすることもできないたとえ。

小耳にはさむ P3

転がる石に苔（こけ）は生えぬ

Call girl issue need cocain were high noon.

¶ コールガール問題必要コカインは、正午でした。

1．活発に活動を続けている人は、いつまでも新鮮さを保っている。

2．一ヶ所に落ち着かない者は大成しない。

転ばぬ先の杖

Color banners key notes way.

¶ 色旗キーは、方法に注意します。

失敗しないように物事を始める前に良く注意をすることが大切である。

怖いもの見たさ

Core immoral meter sir.

¶ 不道徳なメートル様を中心から切り離してください。

こわいものは、逆に好奇心で見たくなるということ。

子を持って知る親の恩

Common tissue, oh yeah know on.

¶ 共通の組織、そりゃあもう知っています。

いざ自分が子供を育てる身になって、はじめて親のありがたさが身にしみるものだ。

細工は流々(りゅうりゅう)仕上げを御(ご)ろうじろ

Cycle were rule you, share gain all Goro Jiro.

¶ サイクルは支配でした。そして、あなたは増加のすべてゴロージローを共有します。

十分に工夫技巧を凝らしているから、とやかく言わないで、
結果を見て判断してくれ、という意味。

歳月(さいげつ)人(ひと)を待たず

Sigh gets heat on matters.

¶ ため息は、問題に関して熱を得ます。

時間は人の都合にかかわらず刻々と過ぎ去っていくもので、瞬時も留まらない。

才色兼備

Sigh shock can be.

¶ 衝撃がそうでありえるとため息をついてください。

才能があるうえに容姿も美しいこと。

鷺(さぎ)を烏(からす)

Saggy on colors.

¶ 色の上でたるんでいます。

明らかに白いものを黒いと言い張るように、

ものの道理をわざと反対に言い曲げること。不合理なことを強引に主張すること。

先(さき)んずれば人を制す

Sacking the lever, hit on says.

¶ レバーを袋に入れて、進行中のヒットは、言います。

どんなことでも他の人より先にしておけば､相手より有利な立場に立つことができる。

桜(さくらき)切る馬鹿　梅(うめき)切らぬ馬鹿

Circle kill backer. Would make in runner backer.

¶ 殺し後援者の周りを回ってください。ランナー後援者で作ります。

桜は枝を切るとそこから腐りやすいので切ってはいけない。

梅は切らないと無駄な枝が伸びて翌年花が咲かなくなる。

酒は飲むとも飲まれるな

Sacking were norm Tom normally lunar.

¶ 標準トムが通常月であったなら、略奪します。

酒は飲んでもいいが、正体を失うような飲み方をしてはいけない。

猿の尻笑い（しりわら）

Saloon know silly were lie.

¶ サルーンは、ばかがうそであったということを知っています。

自分のことをかえりみずに、他人の間違いをあざ笑うこと。

猿も木から落ちる

Saloon monkey color on chill.

¶ 寒けに関するサルーン猿カラー。

猿でも木から落ちることがあるように、どんなに上手な人でもいつでもうまくできるというわけではなく、たまには失敗するということ。

去る者は日々にうとし

Saloon more Noah, hippy Newton see.

¶ サルーンはより多くのノアです、ヒッピーニュートンは見えます。

親しかった人も遠く離れてしまえば、縁遠くなるということ。
人情のはかなさをたとえている。

触らぬ神に祟(たた)りなし

Sour alarm coming need Tartary nothing.

¶ アラーム来るべき必要タタール何でもないことを悪化させてください。

「祟り」は神様に悪いことをしないかぎり受けることはない。
何もしなければ何も悪いことは起きないから、
難しい問題にはなるべくかかわらず、そっとしておいた方がよいということ。

三顧の礼

Thank Norway.

¶ ノルウェーに感謝してください。

人に仕事を頼むのに、何度も訪問して礼を尽くすこと。中国の蜀の劉備(りゅうび)が諸葛孔明の庵(いおり)を三度訪れ、遂に軍師として迎えることに成功した。

三尺(さんじゃく)下がって師の影を踏まず

Son Jackson got tea, she knock again often Mars.

¶ 息子ジャクソンはお茶をしました、彼女はしばしば再び火星を打ちます。

弟子が先生を敬う心掛けを説いた言葉。

山椒(さんしょう)は小粒でもぴりりと辛い

Sun shower, coats boo demon, pillow talk a lie.

¶ 天気雨、コートはデーモンをやじります。そして、睦言がうそです。

身体は小さくても、気力や才能が非常に優れている人のこと。

三度の飯より好き

Sand know mesh yearly ski.

¶ 砂は、年一度のスキーを網の目にかけるように知っています。

とっても好き。

三度目の正直

Sand may know show's king.

¶ 砂は、ショーの三を知っているかもしれません。

物事は一度目や二度目はうまくいかなくても、三度目はうまくいくことがある。

三人寄れば文殊(もんじゅ)の知恵

Sunny your lever, module know cheer.

¶ 日が照っているあなたのレバー、モジュールは喝采するのを見たことがあります。

平凡な人でも三人も集まれば、一人では考えつかないような良いアイデアが生まれる。

自業自得

Jingle's talk.

¶ ジングルの話。

自分がやった悪い行為による報いは、自分に受けなければならないということ。

地獄の沙汰も金次第

Jingle could not Satan more kernel she die.

¶ 鳴りますよりサタンカーネル、彼女は死にます。
この世の中は金の力で自分の都合のよいようになるものというたとえ。

獅子身中(しししんちゅう)の虫

She sees scene tune no mercy.

¶ 彼女は、場面が慈悲を調整しないのを見ます。
味方や恩人に災いや害をなす者。

事実は小説より奇なり

Jesus were shown sets yearly keen early.

¶ イエスは早く毎年セットに鋭い状態で見せられました。
世の中に起こる出来事は、虚構の小説より奇妙で不思議なものである。

死して後(のち)已(や)む

Sister no charm.

¶ 姉妹、魅力はない。
生きている限り努力を続け、倒れたあとでやっと終わる。
生きているうちは精一杯の努力を続けるということ。

四十にして惑わず

See junior city mad was.

¶ 狂気の年下の都市がそうだったことを確かめてください。
四十歳になれば、物の道理が分かり、人生の様々な問題に惑わなくなるということ。

死せる孔明(こうめい)生ける仲達(ちゅうたつ)を走らす

See sale call May,

in cairn chew tattoo of hash lass.

¶ 販売が５月を呼ぶのを見てください、
石塚において、ハッシュ少女のタトゥーを噛んでください。
優れた人が死んでもなお威力があり、生きている人を畏れさせることのたとえ。
三国志の最後のほうのシーン（涙）。

児孫(じそん)のために美田(びでん)を買わず

This song note many, bidding walker was.

¶ この歌の注意多くて、入札している歩行者はそうでした。
子供や孫のために財産を残すのは、甘やかすことになって、かえってよくない。

十指(じっし)に余る

This senior maroon.

¶ この年上の栗色。
十本の指では数えきれないほど。十より多い。

失敗は成功のもと

Ship I was said corner motor.

¶ 私は船によるとモーターコーナーです。
失敗を繰り返してもその原因を究明し反省することで成功に近づいていく。
要するに失敗は決して無駄ではないということ。

十把一絡(じっぱひとから)げ

Zipper hit color gay.

¶ ジッパーは色ゲイを叩きました。
いろいろな種類のものを区別なくひとまとめにすること。
また数は多くても価値のないものの集まりをさす。

しどろもどろ

She draw model.

¶ 彼女は、モデルを引っ張ります。
話の調子や論理が乱れて無様な様子。

さ

死なばもろとも

She nerve a morrow Tom.

¶ 彼女、明日トムを激励します。
死ぬときは皆一緒だ、という意味。

死人に口無し

Sinning nicotine nothing.

¶ 罪を犯しているニコチン何でもないこと。
死んだ人は弁明ができない。
そのことを利用して、死んだ人に罪をなすりつけるような時にもちいる言葉。

四面楚歌（しめんそか）

See main soccer.

¶ 主要なサッカーを見てください。
周囲が敵だらけでどうすることもできないこと。

釈迦に説法

Shark need say poor.

¶ サメは、貧しい者を言わなければなりません。
あることを知りつくしている人にそれを教えようとする愚かさを指す。

しゃくしじょうぎ
杓子定規

Shark see jogging.

¶ サメは、ジョギングを見ます。
融通の利かない方法や態度のこと。

じゃ　へび
蛇の道は蛇

Journal me cheer heavy.

¶ 私を支えます重く喝采します。
同じ仲間の行動や考えは、同じ仲間がよくわかるということ。

しゃらくせえ！ P4

じゅうにんといろ
十人十色

June in toilet.

¶ トイレの６月。
人が十人いれば、顔形がみな違うように、考え方や性格も違うものだ。
何人集まっても人はそれぞれだということ。

じゅう　ごう　せい
柔よく剛を制す

Junior could go on say soon.

¶ ジュニアは、すぐに意見に近づくことができました。
しなやかな者が屈強な者に勝つということ。

雌雄(しゆう)を決する

See you OK through.

¶ 終わりまであなたがＯＫであるのを見てください。
戦って勝ち負けを決める。

朱(しゅ)にまじわれば赤くなる

Shoe need margin one lever, a cook narrow.

¶ 靴は１本のレバーに傍注をつけなければなりません。そして、コックが心が狭いです。
人は交際する仲間によって影響を受ける。
人はその置かれた環境によって善くも悪くもなる。

将棋倒し

Show guitar washing.

¶ ギターを洗うことを示してください。
次々と倒れること。一端の崩れが全体に及ぶこと。

冗談は顔だけにしろ

Jordan work an older canning syrup.

¶ ヨルダンは、以前の缶詰め化シロップを働かせます。
ふざけた顔はこの際大目に見るが、調子にのっていい加減なことまで言うな、ということ。

少年老(しょうねんお)い易(やす)く学成(がくな)り難(がた)し
一寸(いっすん)の光陰軽(こういんかろ)んずべからず

Show name all year school, guck now regatta scene. It soon know coin, car loans bake a runs.

¶ 一年中、学校（屑今のレガッタシーン）を名前に見せてください。
それはすぐにコインを知っています、自動車ローンは走力を焼きます。
年月がたつのは早く、すぐに年をとってしまい学問を身につけるのは難しい。
寸暇を惜しんで勉強せよということ。

勝負は下駄を履くまで分からない

Shove were gate on hack Monday worker run nine.

¶ 押しは、ハック月曜日の労働者走力９の門でした。
勝負事の勝ち負けは、終わってみるまで分からない。
勝負が終わって碁会所から下駄を履いて帰るときを意味する。

将(しょう)を射(い)んとせば先(ま)ず馬(うま)を射(い)よ

Show into saver, mars woman on aeon.

¶ 貯蓄家に目立って、永却に女性を損ないます。
目的を果たすには、直接その対象を狙うよりその周囲にあるものを狙うのがよい。

さ

初心忘るべからず

Show scene worth ruby colors.

¶ ルビー色の価値の場面を示してください。
何事も始めた頃のまじめな気持ちを忘れてはならないということ。

親しき仲にも礼儀あり

Sitter seeking knocker need more lay gallery.

¶ ノッカーを捜している看護人は、ギャラリーとよりしなければなりません。
仲のいい間柄でも最低限の礼儀は守らなければならないということ。

知らぬが仏

See runner got hotcake.

¶ ランナーがホットケーキをとったことを確かめてください。
真相を知れば動揺したり、怒ったりすることも、
知らずにいれば、仏のように平静な気持ちでいられる。

尻馬に乗る

Silly money know rule.

¶ 愚かなお金は、支配を知っています。
節操もなく人のすることに便乗して行動したり言ったりすること。

尻が青い

Silly girl are owing.

¶ 愚かな女の子は負うことです。
未熟な者のこと。一人前でないこと。子供の尻には青い蒙古斑があることから。

詩を作るより田を作れ

Shorts crew yearly towns clay.

¶ ショーツは、毎年の町粘土に乗り組みます。
実生活に何の役にも立たないことより、実益のある仕事を優先せよということ。

信じる者は救われる

Scene's rumor nowhere squat rail.

¶ 場面の噂は、鉄道をどこにも不法占拠しませんでした。
神（イエス・キリスト）を信じる人間は最後は救われていくということ。

人事を尽くして天命を待つ

Ginger took city ten mayor mats.

¶ ジンジャーは、都市に 10 枚の市長マットを持っていきました。
最善を尽くしたら、その結果は天に任せる、ということ。

心臓に毛が生えている

Seen zoning kegger high tale.

¶ 見られた特別区域に指定するビールコンパ最高値物語。
ずうずうしく、平然としている様子をいう。

死んだ子の年を数える

Thin duck know tossing on car's oil.

¶ 薄いアヒルは、車の油の上に揺れながら、知っています。
いまさら言っても仕様のないことを、くどくど愚痴を言うこと。

心頭滅却（しんとうめっきゃく）すれば火もまた涼し

Center make up slaver,

him on matter soon the scene.

¶ センターは、よだれを占めます、すぐに物質の上で彼場面。
気持ちの持ちようで、どんな境遇になろうと、苦しみを乗り越えることができる。

辛抱する木に金がなる

Symbols looking need canny girl narrow.

¶ 見ているシンボルは、利口な女の子が心が狭いことが必要です。
辛抱強く努力すれば、やがて成功して財産もできるということ。

水魚の交わり

Swing your normal jewelry.

¶ あなたの通常の宝石を振ってください。

水と魚の関係のように、非常に親密な友情や交際をたとえていう言葉。

水泡(すいほう)に帰す

Sweet honey kiss.

¶ 甘いはちみつキス。

折角の苦労が無駄になる。無効に終わる。

酸(す)いも甘いも噛み分ける

Swimmer are mime on coming working room.

¶ スイマーは、来るべき働く部屋の上のパントマイムです。

人生経験を十分積んでいて、世の中の事情や人情の機微に通じ、分別があること。

据(す)え膳(ぜん)食わぬは男の恥

Sweden canoe were auto corn know housing.

¶ スウェーデンカヌーは、自動コーンでした住宅を知っています。

女性からの情事の誘惑に応じないのは男の恥である。

末は博士か大臣か

Swear hacker second dies in car.

¶ ハッカーが自動車の中で次に死ぬと誓ってください。
子供の行く末が　人から尊敬される地位に昇るのではないかと期待した言葉。

好きこそものの上手なれ

Ski course mono know jaws narrate.

¶ スキーコースモノは、あごがナレーションをいれるということを知っています。
好きなことはずっとやっていても嫌にならない。
好きなことはより熱心にするのでその分、上達も早い。

過ぎたるは及ばざるがごとし

Soon guitar lure on your bazar god go to see.

¶ すぐに、あなたのバザー神試みに関するギターえさは、分かります。
度が過ぎることは足りないことと同じで、よくないということ。何事も程ほどがいい。

空き腹に不味いものなし

Skipper running mads immoral nothing.

¶ 船長ランニングは、不道徳な何でもないことを怒らせます。
お腹が減っている時は、どんな粗末な食べ物でも美味しく感じるものである。

雀百（すずめひゃく）まで踊り忘れず

Soon zoom in hack Monday Audrey worse raisin.

¶ すぐに、ハック月曜日オードリーでよりまずいレーズンをズームしてください。
雀は死ぬまで飛び跳ねる癖が抜けないように、幼い時に身に付いた習慣は、
年を取っても治らないということ。

捨てる神あれば拾う神あり

Steal coming a lever, hero coming early.

¶ レバー（早く来ている英雄）に近付くことを盗んでください。
世の中はいろいろな人がいて、一方で見捨てられても、
他方では助けてくれる人が出てくるものだ。

住めば都

Soon may Bamiyan call.

¶ すぐに、バーミヤンは呼ぶかもしれません。
どんなに不便な所でも住んで慣れてしまえば、住みやすく好きになってしまう。

寸鉄人（すんてつひと）を刺す

Soon Tate's hit on suss.

¶ すぐに、テートのものは疑念に当たりました。
ちょっとした言葉でありながら、人の心に深く食い入るようなもの。

せいしんいっとうなにごと　な
精神一到何事か成らざらん

Say scene intro, nanny got to canal rather run.

¶ **場面イントロを言ってください、乳母はむしろ動く運河に着きました。**

精神を集中して努力すれば、達成できないものはない。

せいだくあわ　の
清濁併せ呑む

Say duck, our snob.

¶ **カモ（我々の俗物）を言ってください。**

善人でも悪人でも差別せずに受け入れること。

せ　しそん
急いては事を仕損じる

Say tear coat washing sewn jell.

¶ **縫われる涙コート洗濯物がゼリー状になると言ってください。**

あわてると失敗しやすい、ということ。

へきれき
青天の霹靂

Say tenor, heck recking.

¶ **気にして、テノール、チェッと言ってください。**

思いもよらない出来事が突然起こり、衝撃を受けること。

前車の轍（てつ）を踏む

Then Sharon Tate's awful moon.

¶ その後シャロン・テートの恐ろしい月。

前に行った車の車輪の跡を、あとの車が踏んで行く。前の人と同じ過ちを繰り返すこと。 前轍を踏む。今では「同じ轍を踏む」と広まっているが、本来はこの言い方が正しい。「前者の轍を踏む」と書くのは誤り。

前代未聞

Then die, me moan.

¶ そして、死んでください、私うなります。

今までまだ一度も聞いたことがないような、変わった珍しいこと。

船頭（せんどう）多くして船山（ふねやま）に登る

Same doll oak city, fool nay are money noble.

¶ 同じ人形オーク都市、馬鹿な否は、立派なお金です。

指示する人が多いと意見がまとまらず、見当違いの方向へ物事が進んでしまう。

善は急げ

Then wine so get!

¶ それから、ワインを飲みなさいので、得てください！

よいと思われることはすぐに始めなさい。

千里の道も一歩から

Sanely no meeting more it pull color.

¶ 健全にもっと会わないこと、それ、色を引きます。
どんな大事業でも小さなことから始め、努力を重ねていけば必ず成功する。

総スカン

sauce-can

¶ ソース缶。
すべての人から嫌われること。

そうは問屋が卸さない

Saw a ton younger also nine.

¶ また、9が1トンより若いのを見ました。
物事はたやすく思い通りにならないということ。

そこに山があるからだ

So cony yammer girl colored.

¶ それで、ウサギ泣き声の女の子は赤くなりました。
「なぜ山に登るのか」という問いに対しての名文句。

袖振り合うも他生の縁

Sunday free almond, turn show no end.

¶ 日曜日に、無料のアーモンドは、終わりショーなしを回します。
すれ違った他人と袖が触ったくらいでも、それは前世からの縁によるものである。
人と人との関係は偶然のものではなく、前世からの深い縁にもとづいている。

備えあれば憂いなし

So nine are lever woo lay nothing.

¶9 がレバーであるように、素人の何でもないことに求愛してください。
普段からちゃんと準備していれば、いざという時に心配はないということ。

損して得取れ

Sung city took tray.

¶ 歌われた都市はトレーをとりました。
一時は損をするものの、そのおかげで将来の大きな得になる、ということ。

対岸の火事

Tiger knock out G.

¶ 虎、G を打ちます。
川の向こう岸で火事が起こっても、自分が被害を受けることはない。
大きな出来事でも自分には関係のない出来事ということ。

大は小を兼ねる

Dying was shown on kernel.

¶ 死ぬことは核に示されました。

小さい器には小さい物しか入らないが、大きな器なら、小さい物も大きい物も入る。
大きいものは、小さいもののかわりにも使えるということ。

鷹(たか)は飢(う)えても穂(ほ)を摘(つ)まず

Tacker were waiting more hole to Mars.

¶ 鋲を打つ人は、火星により多くの穴を待っていました。

高潔な人はどんなに窮しても節を曲げないという意味。

高みの見物

Tack amino can boots.

¶ アミノの缶ブーツを鋲で留めます。

利害関係のない立場で、興味本位に眺めること。

宝の持ち腐れ

Tackle no much good sarin.

¶ それほどよいサリンに取り組まないでください。

優れた才能があるのにそれを有効に活用しないこと。

竹藪に矢を射る

(たけやぶ)

Tar care boo near oil.

¶ 油の近くで注意ブーのタールを塗ってください。

無益なこと。無駄なこと。

他山の石 P5

蛇足

(だそく)

Dad's sock.

¶ おとうさんの靴下。

無用の長物。

叩けば埃が出る

Ta-ta cable hawk leaguer dale.

¶ どうも、タカリーガー谷をケーブルでつないでください。

どんな物事や人物でも、細かく調べれば、欠点や弱点が出てくるものだということ。

叩けよ、さらば開かれん

Tart care, salad bar he lack Allen.

¶ すっぱい世話、サラダバー、彼はアレンが不足します。

イエス・キリストの言葉から。神に祈れば、神は必ず応えてくれる。

転じて、自ら積極的に努力すればおのずと道は開けるということ。

ただより高いものはない

Tad yearly tacker in mono were night.

¶ モノタイプにおけるちびっ子の年一度の鋲打ち器は夜です。
ただで物をもらうと、お返しや無理な頼まれごとを断れなくなり、かえって高くつくということ。

立つ鳥跡をにごさず

Tattoo tree are tall niggle sons.

¶ 入れ墨の木は背の高いちょっとした不平息子です。
立ち去る者はあとが見苦しくないように、きれいにしておけということ。

立て板に水

Tatty turning meeds.

¶ 俗悪な回っている報い。
すらすらとよく喋ること。弁舌が流暢なこと。

蓼(たでく)食う虫も好きずき

Tardy cool machine more ski is key.

¶ 遅れた冷静な機械より多くのスキーは、キーです。
辛い蓼を好んで食う虫がいるように、人の好みはいろいろだということ。

立てば芍薬、座れば牡丹、歩く姿は百合の花

Turn-table shank yak, swan lever button,

a looks gotten were you will know Hanna.

¶ ターンテーブルシャンクヤク（白鳥レバーボタン）、
得られる表情は、あなたでしたハンナを知っています。
美しい女性の容姿を花にたとえたもの。

棚から牡丹餅

Tanner color bottom march.

¶ より黄褐色の色底行進。
思いがけない幸運に恵まれること。

他人の空似

Turning know so running.

¶ 回ることは、とても走ることを知っています。
まったくの他人なのに、顔がよく似ていること。

旅の恥は掻き捨て

Tabby no hedge were khaki stay.

¶ ぶちの垣根なしは、カーキ色の滞在でした。
旅先では自分を知っている人もいないので、
普段しないような恥さらしなことを平気でやってしまうということ。

旅は道連れ世は情け

Tabby wormy cheese lay, your nurse care.

¶ 波紋のある虫のついたチーズがありました、あなたの看護婦介護。
旅も世渡りも助け合っていくことが大切である。

食べてすぐ寝ると牛になる

Tab eighty signal tone, wish need narrow.

¶ 80 の信号トーンにタブを付けて、必要が狭いことを望んでください。
食べた後、すぐに横になるのは行儀が悪いことだと戒めた言葉。

玉に瑕

Turn money kids.

¶ 金銭子供になってください。
ほぼ完全でよくできているが、ほんの少しの欠点があること。

便りのないのはよい便り

Tiring know nine or you in tiring.

¶ 疲れることは、疲れる際に、9 またはあなたを知っています。
連絡がないのは、無事に過ごしているという便りでもある。

短気は損気

Turn key were song key.

¶ ターンキーは、歌キーでした。
気が短くて怒りっぽいと、結局は自分が損することが多いということ。

男子厨房（ちゅうぼう）に入らず

Dancing chewed boning highlands.

¶ ダンスは、高地に骨を入れることを噛みました。
「男たるもの台所などに入って料理などするものではない」
という男尊女卑的、亭主関白的な意味にとられてるが、本当は豚や鶏を台所で処理する際、断末魔の声を男は聞くべきでないという中国の故事が起源となった言葉。

男子三日会わざれば刮目（かつもく）して見よ

Dancing mick hours a lever, cuts mock city mayor.

¶ 何時間もアイルランド人を踊らせて、レバーは偽りの都市市長を切ります。
男の子は三日会わないでいると、目を見張るほど成長しているものである。

ほったもメイキング

ほったいも変換は当たり前だがこれが正解というものはない。作成するにあたって１０人いたら１０通りのほったいも変換が生まれることだろう。それはそれで楽しいではないか。ただ、ほったいも変換をより深く楽しむためには自分なりのこだわりとかルールを決めておくといい。

私の場合は、

「できるだけ短文で単語も少なく、そして逆翻訳がシュールで笑えるもの」を意識している。

ここで、具体的にほったいも変換ができる過程、いわゆるほったいもメイキングを紹介してみよう。例えば誰でも知っていることわざ「灯台下暗し（とうだいもとくらし）」をとりあげてみる。

この言葉ですぐに閃いたのが、

灯台下暗し（とうだいもとくらし）
Today motocross.
今日モトクロス。

であった。2文字でおさまって美しいではないか。しかし実際に音声にすると、どう頑張っても「トウダイモトクラシ」には聴こえない。やはり「トゥデイモトクロス」なのである。そこで泣く泣くボツにするわけだ。もったいないけど仕方がない。

そこでできるだけ音に忠実に英単語を拾って組み合わせてみる。

コツとしては音に注意を傾けるため全部カタカナ表記にしてみることだ。

「トウダイモトクラシ」
これをいくつかに分解してみる。
「トウ ダイ モト クラシ」
ここまでくれば慣れてくると大体の英単語が思い浮かぶのである。

Toe die motto classy.
爪先はモット一高級な状態で死にます。

音声は完璧に近い。逆翻訳もシュールで面白い。しかしもうちょっとひねりがほしいし、なんなら英単語３字くらいにおさめられないだろうか、と考える。ほったいも変換の醍醐味はそこにある。ブツブツと何回も口ずさんでみる。そうするとぴったりはまるような英単語があるような気がしてくる。そうこうするうちにいきなり天啓が舞い降りてくることがある。この時ほど興奮する時はない。なんなら映画「アマデウス」に出てくるサリエリのように、神に感謝したくなるほどだ。

ここでは、いきなり「diamond」（ダイヤモンド）という英単語が舞い降りた。これを使ってすぐさま２つの変換を試みる。

Tall diamond classy.
高いダイヤモンドは高級です。

Toe diamond classy.
爪先ダイヤモンドは高級です。

先のほったいも変換に比べて、やや、なまりがあるがそれくらいがいい。外国人が発音するにしても、それくらいのほうが可愛気があるというものだ。
本書で掲載したのは、前者の Tall diamond classy. だったが、どちらを選ぶかはその時の気分次第である。だって正解がないのだから。

逆翻訳は自分でやっているわけではない。インターネット上にある自動翻訳「Yahoo 翻訳」と「excite 翻訳」を利用させてもらっている。「ほったいもいじるな」には欠かせない影の立役者である。文法を無視した英単語の羅列に対しても両者ともとりあえず「文にしてくれる」のでありがたい。どちらの翻訳結果を採用するかというと、当然面白い翻訳をしてくれたほうである。
そんなわけでこれを読んでいる皆さんもほったいも変換にチャレンジしてみてはいかがだろうか。ここに掲載しているものよりも面白い変換が生まれるかもしれない。そんな時はメールやコメントで「こんなのできたよ」とご連絡いただけたら著者としては望外の喜びである。

男女七歳(だんじょしちさい)にして席(せき)を同(おな)じうせず

Down jaw sits signing city sacking on owner juicers.

¶ 下のあごは、所有者ジューサーで都市袋地に署名しています。

男と女に７歳になったら、
男女の区別を厳しくしなければならない、という儒教の教え。

小さく産んで大きく育てる

Chase a coon day, all kick soda terror.

¶ アライグマ日を追ってください、すべてはソーダ恐怖をけります。

赤ん坊は、安産になるように小さく産んで、のちに大きく成長させるのがいい。

小さな親切、大きなお世話

Chaser nothing sets, walking now on sewer.

¶ 現在下水を運び入れて、何も設定しない追跡者。

親切でしたことが相手に迷惑なこともある。

竹馬(ちくば)の友(とも)

Cheek bar know Tom.

¶ チークバーは、トムを知っています。

幼い頃に竹馬に乗って一緒に遊んだ友達のということから、幼友達を指す。

馳走（ちそう）終わらば油断すな

Chaser or lover, you dance now.

¶ チェイサーまたは恋人、あなたは現在踊ります。
他人がご馳走してくれる時には、食事が終わったところで、
「ところで」などと話し掛けてくるものである。
手厚いもてなしの裏には下心があるものから注意するべきである。

血の気が多い

Chino kegger owing.

¶ 帰すべきチーノービールパーティ。
短気。

血は水よりも濃い

Cheer Missouri more coin.

¶ より多くが作るミズーリを応援してください。
他人よりも血のつながった親子や兄弟の方が、
いざという時は頼りになるものだということ。

茶々を入れる

Chat ciao it rail.

¶ 話しますチャオ、それは文句を言います。
文句をつけて邪魔をする。

茶番を演じる P6

忠言耳に逆らう

ちゅうげんみみ

Chew gaming mini soccer raw.

¶ 粗野なゲームミニサッカーを噛んでください。

忠告は聞く側の気分を害すことがあるから、素直に聞き入れにくい。

ちりも積もれば山となる

Chile malts more lever yammer tunnel.

¶ チリモルトは、より泣き声トンネルをてこで動かします。

塵のような小さな物でも積もり積もれば山のように大きなものとなる。
どんなに小さいことも、積み重なれば大きなことになるということ。

朕は国家なり

Chin work of canary.

¶ カナリアのあご仕事。

フランス国王・ルイ 14 世が言った言葉。

沈黙は金

Tin mock working.

¶ スズの偽りの作業。

口に出して言うより方が黙っていたほうがいい。そのほうが粋である。

つうと言えばかあ

Two toy ever car.

¶ 2つのおもちゃまで車です。
お互い気心が通じていること。

月と鼈（すっぽん）

To kit soup on.

¶ 動いているキットスープに。
実際には比較にならないほどの違いがあること。
月もすっぽんも丸いという共通点があるが、実際には非常な違いがある。

釣った魚に餌はやらない

Twitter soccer nanny acer wirer nine.

¶ さえずりサッカー乳母カエデ針金を巻く人 9。
交際中はチヤホヤしてても、
結婚した途端プレゼントなどしなくなってしまう、ということ。

罪を憎んで人を憎まず

To me warning coon day, hit on nick mars.

¶ アライグマ日に警告している私にとって、ムショ傷に当たってください。
犯した罪は憎んでも、その罪を犯した人間そのものを憎んではいけないということ。

爪に火を灯(とも)す

Too many hero Thomas.

¶ あまりに多くの英雄トーマス。
ろうそくや油のかわりに爪に火を灯すという意味。
ひどくけちなこと。また倹約してつつましい生活をすること。

爪の垢を煎じて飲む

Two men or cow sends ten norm.

¶ 2 人あるいは雌牛が 10 の標準を送ります。
優れた人にあやかろうとすること。

鶴の一声

Tool no hit co-ed.

¶ 殴られた女子学生に工具を備えつけないでください。
¶ 大勢で話し合っても決まらないことを、
優れた人物の一言が、他の意見をおさえて話し合いをまとめてしまうこと。

鶴は千年亀は万年

True were same name, Carmen were man name.

¶ 正しく、同じ名前はそうでした、カルメンは人名でした。
鶴も亀も長生きなことから、長寿を祝う言葉。

亭主元気で留守がいい

Tissue gained kiddy loose guy.

¶ 組織は、ちびっこ解き放たれた人を得ました。
煙たい亭主は外で働いて家にいないほうが気が楽である。

亭主の好きな赤烏帽子（あかえぼし）

Tissue know scanner anchor embossing.

¶ 組織は、スキャナアンカーエンボシングを知っています。
主人が好むなら、風変わりなことでも、どんな悪趣味なものでも、
家族はその趣味に従わなければならないというたとえ。

敵に塩を送る

Taking knee show on crew.

¶ 撮影の乗組員ひざに表示されます。
敵が苦しんでいる時に、その苦境を救ってあげることをいう。
上杉謙信が、ライバルの武田信玄に塩を送ったという逸話から。

敵は本能寺にあり

Taking waffle knows nearly.

¶ 無駄話をすることは、ほとんど知っています。
（毛利攻めと称して出陣した明智光秀が京都本能寺にいる主君
・織田信長を襲ったことから）本当の目的が別のところにあること。

敵もさるものひっかくもの

Taking more Solomon know, he cock mono.

¶ より多くのソロモンを連れて行くことは知っています、彼はモノを上向きにします。
悔しいながらも、相手の実力を認める時の言葉。

鉄は熱いうちに打て

Tate's were a twin which new tail.

¶ テートのものは、新たについて行く双子でした。
鉄は焼けてやわらかいうちに打てば、いろいろな形をつくることができる。
人間も、若いうちに鍛えたり、やる気のあるうちに鍛えれば大成する。

手取り足取り

Territory are story.

¶ 領域は、物語です。
細かいところにまで行き届いた世話をするさま。何から何まで丁寧に教えるさま。

手のひらを返す

Tenor heeler occurrence.

¶ テノール子分出来事。
人に接する態度の急変するたとえ。

出まかせを言う

Denmark say on you.

¶ デンマーク、あなたの上で言います。
口から出るに任せて、いい加減なことを言うこと。

出物腫物所嫌わず（でものはれものところきらわず）

Demon know hurry mono to colon killer was.

¶ デーモンは、コロン殺人者への大急ぎモノがそうだったということを知っています。
おならやおできはおかまいなしに、出たい時に出るものだということ。

天下御免

Ten cargo men.

¶ 10 人の積荷人。
誰に憚ることなく、公然とそうしても許されること。世間で公認されていること。

天下無双（てんかむそう）

Ten come so.

¶ 10 はそのように来ます。
天下に並ぶものがないほど優れていること。

天下無敵（てんかむてき）

Ten come taking.

¶ 10はとって来ます。
世の中に敵がいないほど強いこと。

天狗になる

Tangle knee narrow.

¶ 狭いひざをもつれさせてください。
得意になってうぬぼれること。

天災は忘れた頃にやってくる

Ten sigh were worse letter colony yacht crew.

¶ 10のため息は、より下手な手紙植民地ヨット乗組員でした。
大地震などの天災に対する心構え。寺田寅彦の言葉とされている。

天高く（てんたか）馬肥（うまこ）ゆる秋（あき）

Tent cock, woman call you lure king.

¶ テント・コック、女性はあなたをえさ王と呼びます。
秋は空が澄み渡って高く晴れ、気候がよいので食欲も増進し、馬もよく肥える。

天に唾(つば)する

10 needs bathroom.

¶10は、バスルームを必要とします。
空に向かってつばを吐けば自分の顔にかかる。このように他の人に何か悪いことをしようすれば、結局自分に害となって返ってくることをいう。

天罰が下る

Ten batts guck dull.

¶ 鈍い10の中綿屑。
悪事の報いを受ける。

天は二物(にぶつ)を与えず

Ten were knee-boots or tires.

¶10は、ロングブーツかタイヤです。
天は、一人の人間に特別なものをいくつも与えない。
よいところ、悪いところばかりの人間はいないということ。

天は自ら助くる者を助く

Ten warmings color the school mono on task.

¶10の温暖化は、仕事に関して学校モノに色をつけます。
他人に頼らず自力で努力する者には、天の助けがあるということ。

灯台下(もと)暗し

Tall diamond classy.

¶ 高級な高いダイヤモンド。
灯台は回りを明るく照らすが、すぐ下は影になって暗い。
身近なことは、かえって気づかないということ。

問うに落ちず、語るに落ちる

Tony watches, Catalonia chill.

¶ 粋な腕時計、カタロニア寒け。
問われると、用心して真実を語らないが、
自分から語るときには、ふと真実を漏らしてしまうものだということ。

豆腐に鎹(かすがい)

Tough nicker's guy.

¶ タフな1ポンドの人。
何を言っても手応えがなく、効き目がないことのたとえ。

遠くて近きは男女の仲

Talk teach khaki were donjon on knocker.

¶ 話は、カーキ色がノッカーの天守閣であったことを教えます。
男女の仲というものは、少しも縁がなさそうなほどかけ離れていても、
ひょんなことで結ばれてしまうものだということ。

遠くの親戚より近くの他人

Talk known thin-skinned yearly

checker could know turning.

¶ 感じやすいと知られていた話、年1回の検査者は回転して知ることができました。

いざという時は遠くにいる親戚より、近くに住む他人のほうが頼りになる。

どぎも

度肝を抜かれる

Doggy more nuclear rail.

¶ 犬のようなより原子力鉄道。

びっくり仰天させられること。

毒を食らわば皿まで

Dog walk lower bar, salad madden.

¶ 犬は下部のバーを歩きます。そして、サラダは激怒させます。

悪いことに手を染めた以上、とことん悪事を重ねようということ。

また何をするにも徹底するほうがいい、ということ。

も

毒を以って毒を制す

Dock on motel, doc on says.

¶ モーテルでドックに入ってくださいと、医者が言います。

悪を除くために、悪を利用すること。

所変われば品変わる

Talk locker worry bar, she knock a wall.

¶ 話ロッカーはバーを心配させます、彼女は壁を打ちます。
地域が違えば、風俗や習慣、言語などが違ってくる。

年寄りの冷や水

Tossing yearly know here meads.

¶ 毎年投げることは、はちみつ酒をここで知っています。
老人が自分の年齢も考えず、元気そうに振る舞って無理なことをするたとえ。

どじを踏む P7

隣の芝生は青くみえる

Tunneling know shaver who were a walk mail.

¶ トンネリングは、散歩メールであったシェーバーを知っています。
他人のものは何でもよく見えるということ。

隣の花は赤い

Tunneling known Hanna were kind.

¶ 知られているハンナにトンネルを堀るのは親切です。
他人のものは何でもよく見えてしまう。

怒髪天(どはつてん)を衝(つ)く

Do hats ten wants cool.

¶ 10が涼しいことを望む帽子をしてください。

激しい怒りのために、髪の毛が逆立つこと。また、そのような凄まじい形相。

鳶(とび)が鷹(たか)を生む

Tall bigger attack on woman.

¶ 女性への高いより大きい攻撃。

平凡な親から優秀な子供が生まれることをいう。

鳶(とび)に油揚(あぶらあ)げをさらわれる

Toby near black gay of salad were rail.

¶ サラダの黒人のゲイの近くのトービーは、鉄道でした。

当然自分のものになると思っていたものを、不意に横から奪われること。

飛ぶ鳥を落とす

Trouble trio autos.

¶ トリオ自動車を悩ませてください。

飛ぶ鳥さえ地上に落ちてくるほど、気力や威勢が充実していて、勢いが盛んな様子。

朋遠方(ともえんぽう)より来(きた)るあり、また楽(たの)しからずや

Tom ample yearly kettle early,

matter tarnish colors yeah.

¶ 早いトム十分な年一度のやかん件の曇りは着色します。うん。
友達が遠くから訪ねてきた。それは楽しくうれしいことである。

虎の威を借るきつね

To run knowing on curl kids name.

¶ カール上で知ることを実行することは名前をからかいます。
昔、虎に食べられそうになった狐が、「私は神の使いだから食べてはいけない。疑うならついて来い」と言って、虎をつれて歩いた。ほかの動物たちは、虎を見て逃げた。虎は狐を見て逃げ出したのだと思い、狐の言うことを信じて許した。この中国の古い話から、弱い者が、強い者の力を利用していばることをいう。

鳥無き里の蝙蝠(こうもり)

Tree knocking Santana calmly.

¶ 静かにサンタナを打っている木。
優れた人がいなくなったところでは、愚かな者が大きな顔をする。

泥棒に追い銭

Draw bony on insane.

¶ **精神異常者の上で骨だらけの抽選。**
逃げた泥棒に更に金を与えるように、輪を掛けて馬鹿げたことをすること。

泥棒にも三分の道理

Drover need more samba no dolly.

¶ **少しもかわいくない家畜追いは、よりサンバを踊らなければなりません。**
盗みをする泥棒にも、それなりの言い訳や理由がある。

どんぐりの背比べ

Dawn green know say clubby.

¶ **夜明け緑は、排他的な意見を知っています。**
どんぐりは皆、形や大きさが同じで、あまり違いがない。
比べてみても、どれも特に際立ったものがないということ。

飛んで火に入る夏の虫

Tone day he kneel, nuts know machine.

¶ **トーン日、彼はひざまずきます、ナッツは機械を知っています。**
夏の夜、虫は明るい火に集まって、自ら飛び込んで焼け死んでしまう。
このことから、自分から危ないところに飛び込んで、ひどい目に遭うことをいう。

内心忸怩(ないしんじくじ)たるものがある

Nice Shinjuku's tar mono girl.

¶ **素晴らしい新宿は、タールのモノフォニックの女の子です。**
自分の行いについて、心のうちで恥じ入る気持ちがある。

泣いて馬謖(ばしょく)を斬る

Night bar shock on kill.

¶ **殺しに関する夜バーショック。**
規律を守るためには、たとえ愛する者でも厳正に処罰すること。

泣いても笑っても

Nighty more, warrantee more.

¶ **より寝巻き、より被保証人。**
どうあっても。どんなに思い悩んでみても。

長い物には巻かれよ

Nagger immoral near marker rayon.

¶ **目印レーヨンの近くで不道徳な小言屋。**
権力のある人や、目上の人には、逆らわないで従っていた方がよいということ。

鳴かぬ蛍(ほたる)が身を焦がす

Now canoe hotel got me oaken gas.

¶ 今、カヌーホテルは私にオークのガスを届けました。
口に出して何も言わぬ者のほうが、心の中では激しい思いを抱いているというたとえ。

泣きっ面に蜂

Knocking to running hatch.

¶ 継続ハッチに打つこと。
不幸の上に不幸が重なって起こること。
泣いてむくんだ顔をさらに蜂に刺されるようなもの。

泣く子と地頭(じとう)には勝てぬ

Knock coat jitter near curtain noon.

¶ カーテン正午の近くでコートジターを打ってください。
道理を尽くしても、理の通じない者には勝ち目がないということ。

無くて七癖(ななくせ)

Knock tenor knock say.

¶ テノールのノックが言うノック。
人はだれでも癖を持っているということ。

情けは人のためならず

NASA care, he tone on terminals.

¶ NASAは気にかけます。そして、彼はターミナルで調子をつけます。
人に親切にすると、いつかは自分にもよい報いとして戻ってくる。

梨(なし)の礫(つぶて)

Nothing notes bootee.

¶ 何も、ブーティーに注意しません。
何も反応がないこと。音沙汰がないこと。

七転(ななころ)び八起(やお)き

Nano colon beer walking.

¶ 歩いているナノコロンビール。
何度失敗してもくじけず、立ち上がって頑張ること。

何はなくとも

Now near knocked Tom.

¶ 現在、トムをほとんど打ちました。
これだけは外さない、これだけは最低限必要なもの。

名は体(たい)を表す

Now one, Thai or Laos.

¶ 一つの今、タイ語またはラオス。
名前はそのものの実体を示している。

鍋が釜を黒いと言う

Now Bengal comer all cloy to you.

¶ すべてがあなたにあきるほど食べさせる今のベンガル来る人。
自分のことを棚にあげて、他人をあざ笑うこと。

蛞蝓に塩 P8

習うより慣れよ

Narrow yearly now rayon.

¶ すぐに毎年レーヨンを狭くしてください。
人に教えられるより、実際に自分でやってみた方がうまくなるということ。

習わぬ経(きょう)は読めぬ

Nara won new can wire menu.

¶ 新たに獲得される奈良は、メニューを配線することができます。
知識も経験もないのに、やれと言われてできるものではない、ということ。

名を取るより実(じつ)を取れ

Now tall yearly jets on tray.

¶ 現在、高い年刊は、トレイの上で噴出します。
何の得にもならない名声を得るより、実利を得る方がよい。

煮え湯を飲まされる

Near your normal thrill.

¶ あなたの通常のスリルの近くで。
信用していた者に裏切られて、ひどい目に遭うこと。

匂い松茸、味しめじ

Near in mats turkey are this image.

¶ マット七面鳥において近いのはこのイメージです。
きのこの中では香りのいいのは松茸で、味の良いのはしめじである。

二階から目薬

Knee kind color meg 3.

¶ 親切なカラーメガ３にひざをあててください。
二階から下にいる人の目に目薬をさそうとするように、
思うようにならずもどかしいこと。また、回りくどく、効果がおぼつかないこと。

憎まれっ子世にはばかる

Nick marry corn, your knit have a curl.

¶ ニックはコーンと結婚します、あなたのニットはカールを持ちます。
憎まれる者の方が、かえって世間では成功したり、幅をきかせていること。

二束三文（にそくさんもん）

Knee sock salmon.

¶ 靴下サーモンにひざをあててください。
金剛ぞうりが二足で三文の値段であったところから、値段が極めて安いということ。

二足（にそく）の草鞋（わらじ）を履（は）く

Knee sock know one larger hack.

¶ ひざ靴下は、１つのより大きなハックを知っています。
一人の人が両立しないような２種類の職業を持つこと。

日光を見ずして結構と言うな

Nick omits city, cake onto you now.

¶ ニックは都市を省略します、あなたの上へのケーキ、今。
日光東照宮の素晴らしさこそ、結構という言葉に値する。

二度あることは三度ある

Need alcohol toward sandal.

¶ サンダルの方へアルコールを必要としてください。
同じことが二度あると、もう一度同じことがある。
物事はくりかえし起こるということ。

二兎(にと)追(お)う者は一兎(いっと)も得ず

Knit owe more nor, eat more always.

¶ ニットはより義務があります、また、より常に、食べないでください。
二つの事柄を同時にしようとすると、両方とも成功しない。

二の舞を演じる

Knee know mire angel.

¶ ひざは、ぬかるみ天使を知っています。
前の人が失敗した同じ失敗を繰り返すこと。

女房の妬(や)くほど亭主もてもせず

Newborn on yak hold, tissue motel more says.

¶ ヤクに乗った新生児は保つと、組織モーテルがより言います。
妻が気をもむほど、夫は他の女性からもててはいないということ。

糠味噌(ぬかみそ)が腐る

New camisole guck saloon.

¶ 新しいキャミソール屑サルーン。

あまりに下手くそな歌いぶりをあざけっていう言葉。

盗人(ぬすびと)を捕らえてみれば我が子なり

News beetle, try ten millibar, wagon cornering.

¶ ニュース・カブト虫、10 ミリバール、ワゴン急旋回能力を試みます。

泥棒を捕まえたら自分の子供だった時の驚きと同じように、事の意外さに呆然として、どう処理していいか途方に暮れること。また身内でも油断できないということ。

猫に鰹節(かつおぶし)

Neck needs cuts of sea.

¶ 首ウサギは、海の切ります。

猫の好物の鰹節を近くに置くようなもので、みすみす危険な状態を招くこと。

猫に小判

Neck on ink oven.

¶ インクオーブンの首。

価値のあるものでも、その価値が分からない者にとっては何の役にも立たない。

猫の手も借りたい

Neck corner tamer curry tie.

¶ 首を使いカレーのネクタイコーナーです。

とても忙しいこと。

猫も杓子(しゃくし)も

Neck more, sharks more.

¶ 首は、より詐欺をはたらきます。

なにもかも。だれもかれも。

猫を被る

Neck on Kabul.

¶ カブールの首。

本性を隠しておとなしく振る舞うこと。

寝耳に水

Naming meaning meads.

¶ はちみつ酒を意味することに名をつけること。

突然の思いがけないことで驚くこと。

寝る子は育つ

Nail core so darts.

¶ したがって、釘のコアは投げられます。
よく寝るのは健康の証拠で、そういう子は丈夫に育つ。

寝る間が極楽

Nail mug ago crack.

¶ 爪のマグカップ前に割れています。
寝ている間だけは、どんな気苦労も忘れてまるで極楽にいるようだということ。

年貢の納め時

Name goon known some docking.

¶ ドックに入って少し知られているチンピラを挙げてください。
悪事を重ねていた者が捕まって刑に服さなければならなくなった時のこと。

念には念を入れよ

Name near name owing rayon.

¶ レーヨンを負っていると近い名前を命名してください。
きわめて慎重に物事を行う。

能ある鷹は爪を隠す

Noel tacker were two mere cocks.

¶ ノエル鋲を打つ人は、２羽の単なる雄鶏でした。
本当に能力がある者は、みだりにその能力をひけらかすようなことはしない。

残り物には福がある

No calling mono near hook girl.

¶ 訪問しているモノフォニックの近いフックの女の子でない。
人々が残して最後に残った物には、思わぬ利得があったりするものだ。

喉元過ぎれば熱さ忘れる

Nod motto swinging lever arts sours rail.

¶ レバー芸術を振っているうなずきモットーは、鉄道をすっぱくします。
どんなに苦しいことがあっても過ぎ去ってしまえば、何事もなかったように忘れてしまう。

乗りかかった船

No liquor cut tough name.

¶ 酒は、タフな名前を切りませんでした。
物事を始めてしまった以上、行くところまで行こうということ。

暖簾（のれん）に腕押（うでお）し

No rainy woody washing.

¶ 雨の木質の洗濯物でない。
手ごたえが全然ないこと。

敗軍の将、兵を語らず

Hi good north-shore, hey oh catalogs.

¶ やあいいね北の岸、おい、ああカタログ。
失敗した者（主に統率者は）は弁解すべきではない。

吐いた唾は飲めぬ

Hi tattoo bowwow no menu.

¶ やあ、タトゥーワンワンメニューなし。
いったん口にしてしまった言葉は、あとで取り消すことができないというたとえ。

馬鹿な子ほどかわいい

Backer knuckle hold Kauai.

¶ 後援者指関節ホールド、カウアイ。
親にとっては能力の劣る子供ほど、かわいく感じ、育て甲斐がある。

ほったいも症候群

皆さんは魚屋さんや八百屋さんで「毎度ありー！」という威勢のいい声を聞いたことがあるだろう。私はそんな声を聞くと、まわりに外人さんがいないかとドキドキして見回してしまう。

だって「毎度ありー！」って外人さんには、

My darling!（私の最愛の人！）

と聞こえると思うのだ、絶対。

「世界の中心で愛を叫ぶ」ならぬ、「おやじさんが店先で愛を叫ぶ」のって……（汗

このようにほったいも変換をやっていると、日常のそんな音声にも反応して脳内で変換しようとしてしまうのである。こんな状態を「ほったいも症候群」という。皆さんも、この本を読んだ後、耳に入った日本語に英単語をあてはめようと、無意識にブツブツ口ずさんでしまったら要注意だ。

ほったいも症候群を発症すると、「英語耳」ならぬ「ほったいも耳」になっているのである。例えば、

Carl Benny Mimi Ally Sean Jenny Mary.
カール、ベニー、ミミ、アリー、ショーン、ジェニー、メアリー

これは単に人の名前の羅列である。普通に読んだら、アメリカの学校で出欠をとっているようなものだろう。

ところが上に「壁に耳あり障子に目あり」と付け加えたなら、あなたは「カーベニミミアリ、ショウジェニーメアリー」と、なまった日本語で発音しているに違いないのである。

ほったいも症候群にかかったある人はこう言っている。「英語を正しく発音しようとすればするほど、日本語が下手になっていくのがなぜか快感」と。これはほったいもいじるなに対する最高の賛辞である。

馬鹿に付ける薬はない

Backer needs cairn could three were nine.

¶ 9人の3つの可能性が後援者のニーズ石塚です。
愚か者を治す方法はなく、そして救いようがない。

馬鹿の一つ覚え

Backer know hit to tool of way.

¶ 後援者は、方法のツールに、ヒットを知っています。
愚かな者ほど聞き覚えた一つのことを、いつも得意げに話し出す。
何度も同じことを言う人間をあざける言葉。

馬鹿丸出し

Backer maroon dash.

¶ 後援者のえび茶色のダッシュ。
明らかに馬鹿である。

掃(は)き溜(だ)めに鶴(つる)

Hacking down many true.

¶ 正しく多くを切り倒すこと。
みすぼらしい所やつまらない所に、際立って優れた人がいること。

馬耳東風（ばじとうふう）

Virgin toughen.

¶ ヴァージンたくまし。
人の意見などに意に介さず、聞き流すこと。他人の言葉に耳を貸さないこと。

恥の上塗り

Hedge know wooer newly.

¶ 垣根は、新しく求愛者を知っています。
恥をかいた上に、更に恥をかくこと。

裸の王様

Her ducker know all summer.

¶ 彼女のアヒルを飼育する人は、全ての夏を知っています。
アンデルセンの童話から。耳に快い言葉ばかり聞かされて、
現実を直視できず崩壊してしまった組織の首脳などを揶揄する時に使われる。

畑に蛤（はまぐり）

Her turkey need hammer green.

¶ 彼女の七面鳥は、緑を打たなければなりません。
望んでも無理なこと、見当違いなことのたとえ。

働かざるもの食うべからず

Her tracker's almoner cool bay colors.

¶ 彼女のトラッカーは、いかした湾が色をつける医療ケースワーカーです。
働く能力があるのなら働いて生活しなければならない、という戒め。

破竹の勢い

Her cheek know inky owing.

¶ 彼女の頬は、真っ黒に借金があることを知っています。
竹は縦に割れ目を入れると、一気に割れていく。このように猛烈な勢いで進むこと。

蜂の巣をつついたよう

Hatch know swats twin tire.

¶ ハッチは双子が疲れさせる激しい一撃を知っています。
騒ぎが広がって手がつけられなくなるさま。

這(は)っても黒豆(くろまめ)

Hearty more clone mommy.

¶ 元気なより多くのクローンママ。
明白な誤りを誤りと認めず、しつこく自説を主張し強情を張ること。
黒い虫を黒豆だと言い、それが動き出しても黒豆と言い張る人の話から。

破天荒

Her tinkle.

¶ 彼女のチリンチリンという音

今まで誰もできなかった事を成し遂げること。

花に嵐

Hanna near rush.

¶ あわただしさの近くのハンナ。

花が咲けば嵐が散らそうとするように、とかく物事には邪魔が入りやすいものだ。

花盗人(はなぬすびと)は風流(ふうりゅう)のうち

Hanna news bit were fool you know witch.

¶ あなたが知っている馬鹿が魔女であったなら噛み付かれたハンナニュース。

花の美しさにひかれて、つい一枝手折ってしまうのは風流によるものだから、
盗みとしてとがめるのは酷であるという意。

花は折りたし梢(こずえ)は高し

Hanna wanly rush, cause air taxi.

¶ ハンナ、弱々しく、ちぇっ、空のタクシーを引き起こします。

桜の花を折って手に入れたいが、枝が高すぎて届かない。手に入れたいが、
それを達成する方法がないこと。世の中はとかくままならないということ。

花より団子

Hanna earing dangle.

¶ ハンナ イヤリングぶら下がり。
花の美しさを楽しむより、団子を食べるほうがいい。
風流より実利を優先することのたとえ。

羽を伸ばす

Honey on a bus.

¶ バスの上のはちみつ。
束縛するものがなくなって、のびのびと自由に振る舞う。

羽振りがいい

Heavenly guy.

¶ 天国のような人。
権力を持っていたり、大金持ちである様子。

波紋を呼ぶ

Her moan on yob.

¶ 不良少年上の彼女のうめき声。
静かな所に、変化や動揺が生まれる。

早起きは三文(さんもん)の徳

Higher walking was salmon no talk.

¶ より高いウォーキングは、話サーモンなしでした。
早起きすると、何かよいことがあるものだということ。

早飯(はやめし)も芸のうち

Hi Amish moan gay known witch.

¶ やあ、アーミッシュは同性愛者の名の知られた魔女を嘆きます。
飯が早く食えることも、それはそれで芸の一つであるということ。

流行り物は廃(すた)り物

Highly monaural styling mono.

¶ 非常にモノラルスタイルモノ。
流行は一時的で長続きしないということ。

腹が減っては戦ができぬ

Her rugger hate were winks a garden cannon.

¶ 憎しみがそうであった彼女のラグビーは、園芸大砲をウィンクさせます。
空腹では、何をするにも頑張れない。

腹も身の内

Hello mommy know witch.

¶ やあママは、魔女を知っています。

腹も身体の一部なのだから、無茶な大食をすれば身体の調子を悪くする。

波瀾万丈

Holland banjo.

¶ オランダバンジョー。

単調でなく、変化が多くあること。人の人生について言う。

針(はり)の筵(むしろ)

Hurry no mercy low.

¶ 低く慈悲を早めないでください。

いつも苦しめられている、辛く悲しい場所や環境やそうした境遇。

針(はり)ほどのことを棒(ぼう)ほどに言う

Harry hold no coat on, bow hold knee you.

¶ ハリーでコートを全く固定しないで、お辞儀の保持ひざはあなたです。

小さなことを大きく言いふらす。

春に三日の晴れ間なし

Her loony Mick unknown, harem are nothing.

¶ 彼女の未知の狂気のミック、ハレムは何でありません。
春は天気が変わりやすいので、晴天が長続きしない。

晩節（ばんせつ）を汚（けが）す

Ban sets OK gas.

¶ 禁止は、ＯＫのガスをセットします。
それまで業績などで評判が高かった人が晩年になって馬鹿なことで失敗し、
それまでの高い評価が台無しになってしまうこと。

半兵衛（はんべえ）を決め込む

Ham bay workingmen come.

¶ ハム湾職人は来ます。
わざと知らぬ振りをすること。またはそういう者を指す。
「知らぬ顔の半兵衛」からきている。

引（ひ）く手数多（てあまた）

Hick tear matter.

¶ 田舎臭い涙問題。
とても人気なこと。

庇(ひさし)を貸して母屋(おもや)を取られる

He sash on casting, arm yearn trad rail.

¶ 彼はキャスティングに関してサッシを付けます、腕はあこがれますトラッドレール。
一部を貸したのに全部をとられてしまうこと。恩を仇で返されること。

美人薄命(びじんはくめい)

Busy, hack men.

¶ 忙しく働かせてください、男性に切りつけてください。
美しい女性は、不幸だったり病弱で早死にすることが多い。

背水(はいすい)の陣(じん)

High swing knows in.

¶ 高い揺れは、中で知っています。
一歩もあとにはひけないせっぱ詰まった状況・立場。
また、そういう状況に身を置いて、必死の覚悟で物事にあたること。

悲嘆(ひたん)に暮れる

Hit turning cool rail.

¶ 冷たいレールを回すことを打ってください。
嘆き悲しむこと。

引っ張りだこ

He party duck.

¶ 彼は、カモをパーティでもてなします。
とても人気なこと。

匹夫(ひっぷ)の勇(ゆう)

Hip know you.

¶ 尻はあなたを知っています。
やみくもに血気にはやるだけの浅はかな人間の勇気のこと。

一泡吹(ひとあわふ)かせる

Heat hour hooker sale.

¶ 1時間の娼婦販売を加熱してください。
相手の不意を突いて驚き慌てさせる。

人の提灯(ちょうちん)で明かりを取る

Hit no chop chin day a curry on tall.

¶ 高いものの上で、チョップあご日にカレーをぶつけないでください。
他人のものを利用して自分の利益を得ようとする。

人の振り見て我が振り直せ

Hit know free meter, wagon free now on sale.

¶ ヒットは、無料のメーター（現在発売中で無料のワゴン）を知っています。
他人の振る舞いを見て、自分の振る舞いを反省し改めること。

一肌脱ぐ

Hit harder new goo.

¶ より硬い新しいベタベタを打ってください。
一奮発して人を助けること。

一花咲かす

Heat Hanna's circus.

¶ ハンナのサーカスを熱してください。
一時的に栄えたり、活躍すること。

人は見掛けに依(よ)らぬもの

Hit wormy cock any your runner manner.

¶ 少しも虫のついた雄鶏にあなたのランナー態度をぶつけてください。
人の性格や能力は、外見だけでは判断できない。

人を呪わば穴二つ

あなふた

Hit on narrower bar, Anna foot arts.

¶ 狭いバーにヒットして、足の芸術アンナ。

人を呪って不幸にしようとすれば、その報いが自分に返ってくるということ。
穴とは墓穴のこと。

火に油を注ぐ

He near brown sauce good.

¶ 彼、よいブラウンソースに近づきます。

勢いのあるものにさらに勢いを与えること。

火花を散らす

He burn Nautilus.

¶ 彼はノーチラス号を燃やします。

闘志をむき出しにして互いに激しく勝負を争う。

百害あって一利なし P9

百聞は一見にしかず

Hack boom were weekend need she cause.

¶ ハッキングブームは彼女が引き起こす週末の必要性です。

人の話を百回聞くよりも、実際に一度見るほうがよく理解できるということ。

百里(ひゃくり)を行くものは九十里(きゅうじゅうり)を半(なか)ばとす

Hack rayon ink mono were,

cue jelly owner cover toss.

¶ ハックレーヨンインクモノはそうでした、
ゼリーのオーナーカバートスにきっかけを与えてください。
何事も終わりの間際に失敗することが多い。
九分通りの所を半分くらいだと思って、最後まで緊張して行うべきである。

氷山の一角

He owes a knowing cock.

¶ 彼は、承知した雄鶏に義務があります。
氷山の下にはさらに大きな氷が隠れているように、
大きな物事のごく一部分が外に現れている。

瓢箪(ひょうたん)から駒(こま)が出る

Here turn color common got dale.

¶ はい、カラー一般の得られた谷を回してください。
思いもよらないことが起こること。

疲労困憊 P10

貧乏人の子沢山

Bean bowling knock on duck son.

¶ カモ息子に対する豆ボウリング一撃。

貧しい家庭にはとかく子供がたくさんいるものだ、ということ。

貧乏暇無し

Bean ball him nothing.

¶ ビーンボール彼に何でもない。

貧乏していると、生活するためにあくせく働かなければならないから、
時間的にも余裕がないということ。

風前（ふうぜん）の灯火（ともしび）

Whose anal Thomas be.

¶ 肛門のトーマスは、誰のものです。

危険が迫り、滅びる寸前であること。

夫婦喧嘩は犬も食わぬ

Fool who gain coward in new mock were noon.

¶ 新しい侮蔑において臆病者を得る馬鹿は、正午でした。

夫婦喧嘩はすぐにおさまるものだから、他人がとやかく心配する必要はない。

笛吹けど踊らず

When hook aid, on dollars.

¶ フックであるときに、ドルで支援してください。
人々の先頭に立って扇動しても、彼らがまったく応じないこと。

覆水盆（ふくすいぼん）に返らず

Hook swing bony car errors.

¶ 揺れ骨だらけの自動車エラーを引っかけてください。
一度してしまったことは取り返しが付かないということ。

無事（ぶじ）これ名馬（めいば）

Boosing con remember.

¶ 酒びたり囚人は覚えています。
怪我や病気がないことも一流選手の条件の一つである。

武士の情け

Bush know NASA care.

¶ ブッシュは、ＮＡＳＡが気にかけるということを知っています。
侍は非情な心を持っているが、時には慈悲深い行動をする。そのような行いのこと。

武士は相身互い

(あいみたが)

Bush were, I meet a guy.

¶ ブッシュはそうでした、私は人に会います。
武士同士は同じ立場だから、互いに思いやり、助け合わねばならない。

武士は食わねど高楊枝

(たかようじ)

Bush work one noodle, tacker your gene.

¶ ブッシュは１つの麺を働かせます、鋲を打つ人はあなたの遺伝子です。
武士は貧しくて食事ができなくても、まるで食後のように爪楊枝を使って空腹であることを他人に見せない。そのようにたとえ貧乏であっても、卑屈にならず、自尊心を持って生きよう！　ということ。

豚に真珠 P11

物議を醸す

Boots gear comers.

¶ ブーツは、来る人のギアを入れます。
世間の議論を引き起こす。

ぶっつけ本番

Boots came homebound.

¶ ブーツは、家に閉じ籠もったようになりました。
準備や練習をせずにいきなり物事を始めること。

冬(ふゆ)来たりなば春遠(はるとお)からじ

Few kit early nerve are hello tone color jean.

¶ 神経前半ほとんどキットは、やあ音色ジーンズでありません。
寒さが厳しい冬が来たとしても、暖かい春はそう遠くなくやってくる。
厳しく辛い時期を耐え忍べば，幸せな繁栄の時がいずれ訪れるということ。

ブルータス、お前もか P12

臍(へそ)が茶を沸かす

Hey song are ciao workers.

¶ おい、歌はそうですチャオ労働者。
馬鹿馬鹿しくて、おかしくて仕方がないということ。

下手な鉄砲も数打ちゃ当たる

Hey tanner tempo more cousin watcher a tar.

¶ おいより黄褐色のテンポいとこウォッチャータール。
鉄砲を撃つのが下手な人でも、たくさん打てば当たることがある。
何事にも根気よく続ければ、まぐれでうまくいくこともある、ということ。

下手の考え休むに似たり

Hater no can guy yes mooning neatly.

¶ 嫌悪者は、小ぎれいにうろついているはいを少しも笑い草にすることができません。
名案がないのにいくら考えても、時間を浪費するばかりで何の効果もないということ。

下手の横好き P13

屁の河童

Head know capper.

¶ 頭は、キャップを製作する人を知っています。
なんとも思わないこと。簡単にやってのけること。

弁慶(べんけい)の立ち往生

Ben came no-touch all Joe.

¶ ベンは、ノータッチのすべてジョーに近付きました。
進退きわまることをいう。

傍若無人(ぼうじゃくぶじん)

Born junk boo gene.

¶ 生まれるくずのブーの遺伝子。
人前を憚(はばか)らずに勝手気ままな言動をすること。

忙中閑(ぼうちゅうかん)あり

Vote tune come early.

¶ 調子が早く来ると提案してください。
忙しい時でも、わずかな暇があったりすること。

仏作(ほとけつく)って魂(たましい)入れず

Hotcake took tea, tumesce raisin.

¶ ホットケーキは茶をとりました、レーズンを勃起させます。

ほとんど完成しながら、肝心な部分が抜け落ちていて役にたたないこと。

仏の顔も三度

Hotcake knock a warm sand.

¶ ホットケーキ、暖かい砂を打ちます。

どんなに心が広い人でも、嫌なことを何度もされれば怒り出すということ。

ほとぼりが冷める

Hot bowling gas a mail.

¶ 熱いボウリングは、メールをガス処理します。

事件などに対する世人の関心が冷めること。

洞ヶ峠(ほらがとうげ)を決め込む

Horror got tall gay walking may come.

¶ 歩いている背が高いゲイを得られる恐怖は、来るかもしれません。

日和見(ひよりみ)な態度でいること。

法螺(ほら)と喇叭(らっぱ)は大きく吹け

Horror to rapper were all kick hooky.

¶ ラッパーにとっての恐怖はすべてキックずる休みです。
もっともらしい嘘は人の迷惑になるが、
とてつもない嘘はすぐに嘘だとわかって迷惑にはならない。
どうせでたらめを言うなら、とてつもなく大きなでたらめを言ったほうがいい。

盆と正月が一緒に来たよう

Bone to show guts girl insure nick tire.

¶ ガッツの女の子がムショタイヤに保険をかけることを示す骨。
おめでたいことが二つ同時に舞い込んできたようである。

本末転倒

Horn mats tent.

大事な物事と、目先のつまらない事とを取り違えること。

毎度あり〜！

My darling!

¶ マイ、ダーリン！
いつもありがとうございます。

魔が差す

Mugger suss.

¶ 追いはぎは疑います。
出来心を起こす。

蒔かぬ種は生えぬ

My canoe turning were high noon.

¶ 曲がっている私のカヌーは、正午でした。
原因がなければ結果もない。何もしないでいい結果を期待しても無理だということ。

負け惜しみを言う

Michael washing me on you.

¶ あなたの上で私を洗うマイケル。
自分の負けや失敗を素直に認めようとしないこと。負けても虚勢を張ること。

負けるが勝ち

Michael gock a chin.

¶ マイケル汚物あご。
その時は負けたように見えても、全体を通してみれば、負けているわけではない。

馬子（まご）にも衣装

Maggot need more issue.

¶ ウジは、より出なければなりません。
どんな人でも外面を飾れば立派に見えるものだということ。
馬子とは人や荷物を馬に乗せて運ぶ人のことで、昔は身分が低かった。

真っ赤な嘘

Mark announcer.

¶ アナウンサーをマークしてください .
まぎれもない嘘。

まな板の鯉（こい）

My night no coin.

¶ 私の夜コインなし。
どうなろうと人のなすがままになるしかない状態をいう。

丸い玉子も切りようで四角

My ruin turn mango more killing yodel she cock.

¶ 私の堕落はヨーデルをより消しているマンゴーに変わります。
そして、彼女は上向きにします。
物事も、言い方、やりようによって、円満にもなり角も立つということのたとえ。
「ものも言いようで角が立つ」と続く。

満天の星

Mountain know horsey.

¶ 山は、馬好きに知っています。
空いっぱいに広がる星のこと。

木乃伊取り(みいらと)が木乃伊(みいら)になる

Mirror trigger, mirror need narrow.

¶ 引き金を映してください、鏡は狭くならなければなりません。
ミイラを取りに行った者が、自分もミイラになってしまう。人を連れ戻しに行った者が、戻らずに、そこにとどまってしまうこと。
相手を説得しようとして、逆に相手の意見に賛成してしまうこと。

身から出た錆(さび)

Mickle data serving.

¶ サーブしている多くのデータ。
自分の行為の報いとして、結果として自分が苦しむこと。

水と油

Mr.Brown

¶ ブラウンさん
反発しあって相容れない関係のこと。

水も滴(したた)るいい男

Meads monster towel in auto call.

¶ 自動呼び出しの草原怪物タオル。
色男に対しての掛け言葉。

水を得た魚

Miss Owen turns soccer now.

¶ オーエンさんは今サッカーを回します。
自分が活躍できる場を得て、生き生きとしている様子を示す。

味噌も糞も一緒

Miss mocks mowing show.

¶ お嬢さんは、草刈りショーをあざけります。
何でもかんでもごちゃまぜにすること。
きれいなものと汚いものを区別をしないで、一緒に扱うこと。

三つ子の魂(たましい)百(ひゃく)まで

Meats go note mercy hack Monday.

¶ 肉は月曜日に慈悲荒傷に注意しに行きます。
小さい頃からの性格や性質は、年を取っても変わらないものだ。

三つ巴(どもえ)の戦い

Meets domain know tartan kind.

¶ 競技会領域は、タータン系を知っています。

三者が入りまじって戦うこと。

実るほど頭(こうべ)を垂れる稲穂(いなほ)かな

Mean narrow hold, call bear turn rail enough canal.

¶ やっとの把握を意味して、クマターンレールを十分な運河と呼んでください。

本当に優れた人は地位や身分が高くなるに従って、謙虚になっていく。

耳にたこができる

Mean mini tackle garden kill.

¶ ミニタックル庭殺しを意味してください。

何度も繰り返し同じことを聞かされて、うんざりして嫌になること。

昔とった杵柄(きねづか)

Mucker see total keenness car.

¶ 下品な奴、鋭さ自動車の合計を見ます。

かつて覚えた腕前のことで、年月を経てもまだその腕前に自信があること。

虫唾(むしず)が走る

Machines got her seal.

¶ 機械は、彼女のシールを得ました。
不愉快極まりないこと。

矛盾

Moo June.

¶ 6 月モーと鳴いてください。
つじつまが合わないこと。

娘一人に婿八人(むこはちにん)

Muscle men heat rainy muck hatch need.

¶ 筋肉好きは、雨のゴミハッチ必要を熱します。
一つの物事に対して、希望者が非常にたくさんいること。

胸に一物(いちもつ)

Moon any each malts.

¶ 何でも各々麦芽を混ぜる月。
心の中にもやもやしたわだかまりや企みがあること。

無理が通れば道理が引っ込む

Moo rigger tall lever, dolly girl hit comb.

¶ モー整備士高いレバー、お人形の女の子は、くしを打ちました。
筋道に合わないことがまかり通るようなことになると、
道理に適ったことが行われなくなるということ。

冥土（めいど）の土産

Maid know me again.

¶ メイドは、再び私を知っています。
死に近い人が楽しい思いをする。年寄りが、ことのほか楽しかったことを表す言葉。

名馬に癖あり

May bunny coo theory.

¶ かわいこちゃんは、理論を優しい声で言うかもしれません。
強烈な個性があってこそ、非凡な働きができる。

名物に旨いものなし

Main boots need woman immoral nothing.

¶ 主なブーツは、女性不道徳な何でもないことを必要とします。
名物といわれているものは意外に美味しいものは少ない。

目から鱗（うろこ）が落ちる

May color oolong cog on chill.

¶5月は、寒けに関してウーロン茶歯車に色をつけます。
何かがきっかけとなって、急に分かるようになること。

目糞鼻糞（めくそはなくそ）を笑う

Make so her knock so or raw.

¶ そう彼女のノックをそうであるか生にしてください。
自分自身の欠点をさておいて、他人の欠点をあざ笑うことをいう。

目には目を歯には歯を

Many one may on, honey one how on.

¶ 多くのものは載ってそうするかもしれません、
1つの方法を蜂はちみつ蜜で甘くしてください。
やられた方法でやり返すこと。

目の上の瘤（こぶ）

May Norway know cove.

¶ ノルウェーは、入り江を知っているかもしれません。
自分よりも力が上で、何かと目障りで邪魔になる者のこと。

面目丸つぶれ

Men mock malts bread.

¶ 人は麦芽パンを嘲笑します。
ひどく名誉を傷つけられること。

孟母三遷（もうぼさんせん）の教え

Mob on sunset know share.

¶ 日暮れの暴徒は、割当を知っています。
子供の教育にはよい環境を整えるのが大切だということ。
孟子の母は、子供の教育に適した環境を選んで三度引っ越しをしたという故事から。

持ちつ持たれつ

March too more talents.

¶ またより多くの才能を進めてください。
互いにたより合い助け合うこと。

餅は餅屋

March warm cheer.

¶ 3月は、元気を暖めます。
その道のことは専門家にまかせなさい、ということ。

ほったいもの夢

いつぞや日本の映画「ハチ公物語」がハリウッドでリメイクされた。「HACHI 約束の犬」という映画で主演がリチャード・ギアだった。日本の映画が海外でリメイクされるのは喜ばしいことである。

実は「ほったいもいじるな」にも夢がある。外国の有名俳優に日本の名作をリメイクしてもらいたい、ただしセリフは、ほったいも変換を使って全篇日本語で、というものだ。

日本映画といえば、なんといっても「男はつらいよ」である。しかし渥美清氏が亡くなってからは制作はされてない。主演は渥美清氏しか考えられないからだろう。だったらいっそのことあちらの俳優でリメイクしてもらったらどうだろう。そう、スティーヴ・マーティンあたりに。「男はつらいよ」は、やはりなんといっても冒頭の切り口上がなければ締まらない。これをほったいも変換してみよう。

「私、生まれ育ちも葛飾柴又です。帝釈天で産湯をつかい、姓は車、名は寅次郎、人呼んでフーテンの寅と発します」

Wow taxi, woman lemon soda team on, cuts sick and silver matter death.
Tie shark tender ooh you oats kind, say work rumor, now want a large low. Heat to young day, fool tenor trout hush math.

【逆翻訳】
大当たりタクシー（進行中の女性のレモンソーダチーム）は、病気で銀の物質死をさぼります。タイサメはおおという叫びにあなたを提供します。そして、オート麦系（まあ仕事噂）は現在大きな最低が欲しいです。
若い日まで熱してください、馬鹿なテノールマスは数学を静かにさせます。

タイトル「男はつらいよ　ほったいもの寅次郎」（スティーヴ・マーティン主演）。外国で上映する時のタイトルは「Article what's lion」である。逆翻訳は「ライオンであることを年季契約で雇ってください」（寅なのにライオンとはシュールではある）。え？　スティーブ・マーティンでは年寄りすぎ？　だったら、トム・ハンクスでもいいや（笑）

勿怪の幸い

（勿怪：もっけ）

Mock anal sigh wine.

¶ 肛門のため息ワインをあざけってください。
思いがけなく得た幸運。

沐猴にして冠す

（沐猴：もっこう、冠：かん）

Mock honest cans.

¶ 正直な缶をあざけってください。
沐猴とは猿のこと。猿に冠をかぶせるという意味で、外見は立派でも中身はそれにともなっていない人物。小物がふさわしくない立場にいること。

元の木阿弥

（木阿弥：もくあみ）

Motto know mock army.

¶ モットーは、偽りの軍を知っています。
一度よくなったのが、元の状態に戻ってしまうこと。

物は言いよう

Mono were in yore.

¶ モノは、昔にありました。
同じことを言っても、言い方でよくも悪くも受け取られること。

ももくりさんねんかきはちねん
桃栗三年柿八年

Mom clean some name, khaki hatch name.

¶ ママはある名（カーキー色のハッチ名）を清潔にしてください。
桃と栗は種を植えてから三年、柿は八年かかってやっと実を結ぶ。
このように、物事を達成するまでには相応の年月が掛かるということ。

もんぜん　　　　　　　きょう
門前の小僧習わぬ経を読む

Moan then knock zone,

now run warning cue on your moon.

¶ そのときうめく、今ゾーンを打つ、あなたの月上で警告する合図を実行します。
常に見たり聞いたりしていれば、知らず知らずのうちにそれを学び知るようになる。

焼きもち焼くとて手を焼くな

Yankee march yak totem, tear yak now.

¶ ヤンキー行進ヤクトーテム、すぐにヤクを裂いてください。
やきもちはほどほどにせよ、ということ。

役者が上

Yak shag a way.

¶ ヤクは、方法を追いかけて取ります。
人物・能力や駆け引きなどが、人より優れていること。

焼け石に水

Yankees need meads.

¶ ヤンキースは、草原を必要とします。
熱く焼けた石に少しばかり水をかけても、全然冷めない。
このようにわずかな助けや努力では、効果がないということ。

安かろう悪かろう

Yeah scroll what look alone.

¶ はい、単独で見ることをスクロールしてください。
安い物は品質が悪いのは当然である、ということ。

安物買いの銭失い

Yes mono guy know, they need wash nine.

¶ 賛成モノフォニックの人は知っています、彼らは洗浄９を必要とします。
安物は品質が悪く長持ちしないので、すぐに買い直すことになる。
そのため結局高い買い物となってしまう。

痩せの大食い

Yeah senor oh gooey.

¶ はい、セニョール、おお、ひどく感傷的。
痩せているのに大食いの人。

矢でも鉄砲でも持って来い

Yardman temple demo malting coin.

¶ コインに麦芽を混ぜている雑役夫寺院デモ。

どんな手を使ってでも攻めてこいと、肝をすえて対処する気持ちを表す。
あるいは、どうとでもなれと、なかば捨て鉢な気持ちで発したりすることも多い。

柳の下にいつも泥鰌（どじょう）はおらぬ

Young nagging know sitter need,

it's mode john wow! runner.

¶ 小言を言っている若者は、看護人必要を知っています、
それはモード野郎大当たりです！ランナー。

一度たまたま幸運なことが起こったとしても、
また同じ方法で幸運が得られると思うのは間違いである。

やはり野におけ蓮華草（れんげそう）

Yeah hurry knowing OK rain guesser.

¶ はいよろしい雨推測者を知っている急ぎ。

蓮華の花が美しいのは自然の中で咲いているからであって、家に持ち帰ったらそのよさが失われる。どんなものにも、それにふさわしい場所があるものだということ。

藪(やぶ)から棒

Yob Colombo.

¶ チンピラコロンボ。

予期せぬ事柄が起こること。

やぶ蛇

Yob heavy.

¶ 重い不良少年。

「藪をつついて蛇を出す」ということわざの略。

余計なことをしたために、かえって悪い結果を招くこと。

破れかぶれ P15

病膏肓(やまいこうこう)に入る

Yammer equal cony ill.

¶ 悪く等しいウサギと不平顔で話してください。

不治の病気にかかる。また、病気が重くなって治る見込みがなくなること。

ある物事に熱中して、抜け出せなくなること。

病は気から

Young mind working color.

¶ 色を働かせている若い心。

病気は気持ち次第で、重くもなったり軽くもなったりする。

闇に葬る

Yeah mini homeroom.

¶ **はいミニホームルーム。**
都合の悪いことを秘密の裏に始末する。

闇夜の鉄砲

Young mayor know temple.

¶ **若い市長は、寺院を知っています。**
目標が定まっていないから、やっても全然効果がないこと。

有終（ゆうしゅう）の美を飾る

Your shoe know beyond cars all.

¶ **あなたの靴、自動車を越えてすべてを知っています。**
最後までやり抜いて、立派な成果を上げること。

勇将の下（もと）に弱卒（じゃくそつ）なし

You show no motto need jack sorts nothing.

¶ **あなたは、必要ジャッキが何も分類しないことをモットーに明らかにしません。**
上に立つ者が優れていれば、下にいる者もそれに感化されて強くなっていく。

融通がきかない

Your zoo got kicker nine.

¶ あなたの動物園は、キッカー９をつかまえました。
その場その場で適切な処置がとれないこと。

幽霊の正体見たり枯(か)れ尾花(おばな)

You lay known showtime Italy curry over now.

¶ あなたは、現在もう一度知られたショータイムイタリアカレーを用意します。
怖いと思っていると、何でもないものまで怖いものに見えてしまう。

夢か幻か

You make a marble sicker.

¶ あなたは、大理石をより病気にします。
夢の中のことなのか現実に起こったことなのだろうかと、
意外な事態に驚いた気持ちを表す言葉。

夢枕(ゆめまくら)に立つ

You may mark running tattoo.

¶ あなたは走る入れ墨をマークしてもよい。
夢の中で死んだ人の霊や神仏が現れたり、何かを告げたりすること。

宵っ張りの朝寝坊

You're in party known, earth never.

¶ あなたは、知られている党の中にいます、決してでなく地球。
夜遅くまで起きていること。また、そのような習慣の人。

欲に目が眩む

Yokel need mega clam.

¶ 田舎者は、超ハマグリを採らなければなりません。
欲望のために、理性を失い、善悪の判断がつかなくなること。

余の辞書に不可能の文字はない

Your nosey show niff canon know mosey were nine.

¶ あなたの鼻の大きいショー悪臭司祭は、
ぶらぶら歩くことが9であったということを知っています。
ナポレオンの権勢を表す言葉。

寄らば大樹の陰

Your lover ties you knock a gay.

¶ あなたの恋人は、あなたがゲイを打つことを結びます。
人を頼るなら、力のある人に頼ったほうが安心できるということ。

選(よ)り取(ど)り見(み)取(ど)り

Yearly dreamy darling.

¶ 毎年の夢見るダーリン。
迷うほどの選択肢があること。

弱り目に祟り目

You worry many tattoo remain.

¶ あなたは、多くのタトゥーが残ることを心配します。
困った時にさらに困ったことが重なること。

来年のことを言えば鬼が笑う

Lionel knocked toy ever, warning got water.

¶ ライオネルは得られた水を警告して、玩具をかつて打ちました。
どうなるか分かりもしない将来のことを、あれこれ予測しても始まらない。

楽あれば苦あり

Luck are lever quarry.

¶ 運はレバー石切り場です。
楽したあとは苦しいことがあるものだ。

理詰めより重詰め(じゅうづめ)

Rhythm airy jazzmen.

¶ **リズム軽いジャズマン。**
理屈でやり込めるより、相手が喜ぶもので
それとなく分からせるほうが事はうまく運ぶものだ。

竜虎相搏つ(りゅうこあいうつ)

Leak or I woods.

¶ **漏れてください、さもなければ、私は薪を積みます。**
いずれ劣らない英雄・豪傑・強豪が勝負する。二人の英雄が勝敗を争う。

両雄並び立たず(りょうゆうならびたたず)

Roll you now rabbit tartans.

¶ **あなたが現在ウサギ狩りをすることを転がしますタータン。**
同時期に二人の英雄が現れると必ず争いになり、共存するのは難しいということ。

類は友を呼ぶ

Ruin were Tom on yob.

¶ **破滅は、チンピラのトムでした。**
同じ趣味や考えを持った人間は互いに呼び寄せあう。

礼に始まり礼に終わる

Rainy hedge marry rainy or room.

¶ 雨の垣根は雨に結婚するか、同居します。

日本の武道に共通する精神。

礼も過ぎれば無礼となる

Lemon singing lever, bray tunnel.

¶ レモンを詠唱しているレバー、騒音トンネル。

礼儀正しいことは大事だが、
それも度を超すとかえって相手に失礼になる、ということ。

歴史は繰り返す

Rakish work liquor ace.

¶ 小粋な仕事酒エース。

過去に起こったことは何度でも起こるものである。

老骨(ろうこつ)に鞭打(むちう)つ

Low coats need mooch woods.

¶ 低いコートは、木にねだらなければなりません。

老いた身でありながら頑張る。

老少前後す（ろうしょうぜんごす）

Lotion then goes.

¶ その後、ローションは行きます。
老人が先に死んで、若い人が後まで生きるとは限らない。
人の命は儚く、いつ死ぬか分からないものだ。

老兵は死なず、ただ消え去るのみ

Loafer wash nose, turned kiwi saloon know me.

¶ ローファーは鼻を洗います、回されたキーウィサルーンは私を知っています。
マッカーサーが自身の身を引く時に言った言葉。

論より証拠

Loan yearly shocker.

¶ 毎年ショッキングな融資です。
物事をはっきりさせるには、議論をいろいろとするよりも、
証拠を出すのが一番よい方法だということ。

若い時の苦労は買ってでもせよ

Worker in talking know clone were,

cartel moss air.

¶ 話における労働者は、クローンがそうであったのを知って、カルテルこけは空気です。

若い時の苦労は将来に役立つことが多いので、自ら進んでしたほうがよいということ。

若気の至り

Worker gay know Italy.

¶ 労働者の同性愛者はイタリアを知っています。

若さゆえに無分別な行いをしてしまうこと。

災い転じて福となす

Was wine tangent hook to nurse.

¶ 看護師は、ワインの接線をフックします。

降りかかってきた災難を上手に処理して、かえって幸せに変えてしまうこと。

渡る世間に鬼はない

Waterloo second need warning one night.

¶ ワーテルロー第２は１つの夜を警告することを必要とします。

世の中には、無慈悲な者ばかりではなく人情に篤い人がいるということ。

おわりに

実はワタクシ英語が話せません。しかしブログ「ほったいもいじるな」を面白がって応援してくれた人たちは実は、英語ペラペラの人が多いのです。話せない私がやっているアホなことを、ペラペラの人々が楽しんで見守ってくれている――。おかげで変な自信を持ってここまで続けられてきました。今回書籍化されるにあたって、そういう人ももう一度楽しめるよう、ブログのほったいも変換の約６割を練り直して掲載しました。変換も逆翻訳も音声もすべてにおいてレベルアップさせたつもりです。

おかげさまでブログ「ほったいもいじるな」は2003年の開設以来、様々なメディアに取り上げられてきました。もうちょっとで書籍化というチャンスもなかったわけではありません。しかし今思うに、その時ではなく今この時期に書籍になってよかったと思っています。かつてあるインタビューを受けた時、こんな質問をされました。

― 記事を書く上で気を付けていることはありますか？

「世の中の暗い事件や話題にはできるだけ触れないようにしています。この「ほったいもいじるな」のブログを見てもらう人には、嫌なことを忘れて軽く笑ってもらえたらいいな、と思ってます。」

この気持ちは今も変わりません。あの頃より閉塞感が漂っている今の世の中だからこそ、この本を読む時くらいは「クスッ」と笑っていただけたら、うれしいです。

約２年前のこと。社会評論社の濱崎誉史朗さんから書籍化の打診がありました。初顔合わせの時、初っぱなからブログ「ほったいもいじるな」を探し当てた時の興奮を語る語る（笑）。聞いている私がなんだかこそばゆくなってしまってしまうくらいでした。私はそんな彼の高等戦術に乗ってしまって、気持ちよくこの企画に取り組むことができたのだと思います。そんな濱崎さんに感謝の意味を込めてこれを贈ります。

豚もおだてりゃ木に登る
Buddha modern Teriyaki need noble.
高貴なブッダの現代の照り焼き必要。

そして忘れてならないのはイラストを担当していただいた、さつさん。彼女はアメリカ留学という人生の大切な時期に無理にお願いして描いていただきました。ありがとうございました。このイラストを担当したのがきっかけ（？）となったのか、彼女は今ではカリカチュア・アーティストとしてデビューを果たし、今後が大いに期待されています。

音声担当の 山口亜希さんは本職の通訳の方で、こんな（アホな）ことをお願いしてそのキャリアに傷がつきはしまいかと心苦しく思っていましたが、快く引き受けていただき本当に感謝しています。彼女に「ほったいも変換は本当に絶妙で、自分で録音しながら笑いを抑えるのに必死だった」と言われて、自分のやってきたことは間違いではなかったと確信した次第です（笑）。

芋はんを作っていただいた消しゴムはんこのやまだひろゆきさん、さつまいもを見事に彫っていただいた時田京子さん、ご協力いただきありがとうございました。おかげでとてもゴージャスな紙面になりました。

このように様々な人たちのサポートによってこの「ほったいもいじるな」の本が生まれたわけです。おバカだけれどこんなに幸せな本はないと思います。願わくば、一家に一冊というか、一家のトイレに一冊といった最高のトイレ本になってくれたら私も幸せです。

最後に応援していただいた皆さんやマイミクの方たち、そしてこの本を買っていただいた皆さんへの感謝の意を込めて、このほったいも変換を贈りたいと思います。

感謝感激雨霰（かんしゃかんげきあめあられ）
Can shark and gay key, a mare rally？
鮫と同性愛者のキー、雌馬は結集できますか?

根本陽一

nemota

ほったいもいじるな

外国人に、声に出して読んでもらいたい日本語

2010年3月20日初版第1刷発行

根本陽一（ねもと・よういち）

ほったいもイスト nemota
ブログ：「ほったいも」で検索して下さい。
nemota@gmail.com
経営コンサルタント会社を経て独立、現在は中小企業の味方のWEBプランナー。WEB制作室ルーツワン主宰。前職の経験を生かし、単なる制作だけにとどまらないコンテンツ提案が好評を得ている。格安で更新が簡単なビジネスブログを提供するかたわら、ブログ、twitterとたわむれる日々。浦和レッズと阪神タイガースのファン。

さつ（イラスト）

http://www.geocities.co.jp/satsukichijpjp/
satsukichijpjp@yahoo.co.jp
カリカチュアリスト／イラストレーター。2010年現在カリカチュア・ジャパン株式会社に所属。1987年生まれ173cm女子。

山口亜希（音声）

yamaguchi.aki@hotmail.co.jp
幼少の頃10年間米カリフォルニア州に在住。現在は都内に住み、政府要人・芸能人・企業のトップ等から支持を得る同時通訳者。

著者	**根本陽一**
イラスト	**さつ**
カバーイラスト	**さつ**
声	**山口亜希**
編集 & 装丁	**濱崎誉史朗**
発行人	**松田健二**
発行所	株式会社 **社会評論社** 東京都文京区本郷 2-3-10 Tel 03-3814-3861 Fax 03-3818-2808 http://www.shahyo.com
印刷 & 製本	株式会社技秀堂